Wolfgang Fierek

# Lob der Lederhose

Wie man lernt, den Bayern zu lieben (fast so wie er sich selbst)

Unter Mitarbeit von
Boris Hächler

Ullstein

Besuchen Sie uns im Internet:
www.ullstein-taschenbuch.de

Originalausgabe im Ullstein Taschenbuch
1. Auflage Februar 2017
© Ullstein Buchverlage GmbH, Berlin 2017
Umschlaggestaltung: zero-media.net, München
Umschlagabbildung: © FinePic®, München (Fahne, Holz);
© ullstein bild – Schraps (Autorenfoto)
Satz: KompetenzCenter, Mönchengladbach
Gesetzt aus der Goudy Old Style
Druck- und Bindearbeiten: CPI books GmbH, Leck, Germany
ISBN 978-3-548-37667-7

*Meinen Eltern,*
*die sich nach dem Krieg*
*Bayern als neue Heimat*
*ausgesucht haben.*

# Inhalt

# Herzlichen Glückwunsch!

Ein kleiner Test: Fragen Sie in Ihrem Freundeskreis mal nach einem Tier, das für Bayern typisch ist. »Kuh« hören Sie dann wahrscheinlich. Gut, das kann man verstehen, es stehen ja auch genügend davon herum auf bajuwarischem Weideland. Eventuell antwortet man Ihnen auch »Rauhaardackel« oder »Hirsch«. Aber »Löwe«? Das werden vermutlich die wenigsten sagen.

Dabei ist es gerade er – der König der Tiere, der das Wappen des Freistaates ziert, und zwar schon seit 800 Jahren. Ein Symbol von Macht und Stärke war er im tiefen Mittelalter und hat sich seither zum bayerischen Urviech gemausert, bis heute omnipräsent festgekrallt in der Politik, auf Orden, Bierkrügen oder Porzellanfiguren. Auf Postkarten sowieso. Ein Wunder fast, dass ich rund um Aying noch keinem begegnet bin.

Dabei klingt ein Löwe in Bayern etwa so exotisch wie ein Bayer auf Rügen – also ziemlich exotisch, finde ich. Der Leo ist strenggenommen ein »Zuagroasta«. Auf Deutsch: ein »Zugereister«. Das bleibt ein jeder, der in Bayern wohnt, aber nicht in Bayern geboren ist, und zwar für immer! Selbst wenn der eingewanderte Rüganer besser bairisch spricht als der eingeborene Bürgermeister – in der bayerischen Wahrnehmung gilt er als Fremder. Das sollte auch für den Löwen gelten, denn immerhin strawanzt der von Natur aus durch die afrikanische Steppe, nicht durch bayerische Mischwälder. Oder haben Sie schon mal eine Gemse gesehen, die von einem Löwen gerissen wurde? Nein, die jagen wir Bayern schon selber. Und so ein »Zuagroasta«, also einer, dem wir Bayern eh nicht gleich busselnd um den Hals fallen, soll uns herrschaftlich brüllend repräsentieren?

Auch aus biologischer Sicht ist das ein wenig zweifelhaft. Schließlich handelt es sich um einen männlichen Löwen. Von denen wissen wir nicht erst seit Grzimek, dass sie in freier Wildbahn am liebsten faul im Schatten dösen. Die Jagd – und damit die Schwerstarbeit – überlassen die Machos mit der stolzen Mähne den Weibchen. Und so ein Faulpelz ziert das Banner, unter dem sich das Volk der Bayern vereint?

Ganz zusammen passt das nicht, das ist schon Karl Valentin aufgefallen. Dem Querdenker wollte so gar nicht einleuchten, warum man ausgerechnet den Löwen zum bayerischen Sinnbild erkoren hatte. Ein Bräuross hätte doch mehr Kraft, hat er einmal gemeint. »Spannen's einmal zwei Löwen vor einen Bierwagen. Ob die den Wagen über einen Berg ziehen können?« Recht hat er. Ich würd's auch gar nicht erst versuchen.

Warum ich das erzähle? Nun, weil die Sache mit dem Wappentier eine der vielen kleineren und größeren Ungereimtheiten ist, die typisch sind für Bayern. Nirgendwo sonst in Deutschland (ja, Bayern zählt tatsächlich zu Deutschland, das muss man nur immer mal wieder erwähnen) gibt es so viele Merkwürdigkeiten und Missverständnisse wie im Land von Laptop und Lederhose. Bayern ist oft wunderbar, manchmal aber auch ein bisserl sonderbar. Das gilt übrigens auch für seine Bewohner.

In jedem Fall ist es für jeden Nichtbayern eine ziemliche Sisyphusarbeit, Land und Leute zu verstehen, die Menschen wirklich kennenzulernen oder (eigentlich vollkommen unmöglich) sogar einer von ihnen zu werden.

Vielleicht ist Ihnen schon einmal aufgefallen, dass in diesem schönen Land die schlechte Laune ein Kulturgut ist. Dass man hier zwar ziemlich gut essen kann, aber manchmal an der »Spezl-Wirtschaft« verzweifelt, in der man so ziemlich alles bekommt, nur sicher nichts zu essen. Dass dieses Land stetig zwischen Seelen-Blues und bierschäumender Freude wankt wie einer, der ein paar Maß zu viel getrunken hat.

Sprache, Bräuche, Tradition – Bayern ist da einzigartig und rätselhaft. Als einzigartig betrachtet sich auch – und nun kommen wir zum eigentlichen Problem – der bayerische Mann. Auch das ist ein Rätsel. Ich kann mir das nur mit folgender Kausalkette erklären:

Erstens hat der liebe Gott in Bayern den Himmel auf Erden geschaffen.

Zweitens wusste der himmlische Vater natürlich Bescheid in Sachen Evolution und hat den bayerischen Mann deswegen genau hier, zwischen Spessart und Karwendel, als quasi höchste aller Lebensformen ausgewildert.

Drittens steht außer Frage, dass das so war und dass sich der Bayer daher auch für nichts rechtfertigen muss: nicht für Identität oder Mentalität, nicht für seine Lebensweise und auch nicht für den FC Bayern, Seehofers Geliebte und Franz Beckenbauer.

Das Problem: Ich bin ein Bayer. Und zwar gerne. Sehr gerne. Denn man kann auch als Bayer glücklich sein, ja, sogar andere Leute glücklich machen. Also ganz im Allgemeinen (jedes Jahr 30 Millionen Touristen etwa) als auch im Speziellen (meine Frau stammt aus Wiesbaden, ihr Papa ist Algerier).

Doch ich muss schon zugeben, dass es dieser Homo Bavaricus jeder anderen Spezies nicht gerade leichtmacht und für viele bis heute als wundersames Wesen gilt. Klar, gewisse Übereinstimmungen zu anderen Lebensformen findet man auch beim Bayern. Er kommuniziert – aber mitunter mittels befremdlicher Techniken. Er isst zur Energieaufnahme – jedoch andere Dinge und zu anderen Zeiten, als Sie es vermutlich gewohnt sind. Er hat natürlich auch Gefühle – aber diese Gefühle sind eben auch ganz spezielle und nicht gerade einfach zu lesen.

Mal ehrlich, wer weiß schon haargenau, wie wir Bayern ticken? Ich weiß es selber nicht genau. Also machen wir uns doch einfach zusammen in diesem Buch auf, uns diese Spezies einmal genauer anzusehen. Ich erzähle Ihnen hier ein wenig darüber, wie wir Bayern ticken – und wenn's gut läuft, halten Sie am Ende die ultimative Betriebsanleitung für uns Bayern in der Hand. Ganz im Ernst. Oder zumindest fast.

# 1.

# Das Wesen des Bayern

Der Bayer: ein vielschichtiges Wesen voller Widersprüche, Eigenheiten und seelischer Aufwinde und Abgründe. Auf der anderen Seite ist er eine ganz wunderbare Spezies, die – hat man erst einmal ihre Seele entschlüsselt – das eigene Leben durchaus bereichern kann.

Ihnen muss bloß, bevor Sie sich mit einem Bayern kurzschließen, glasklar sein, wie diese urtümlichen Menschen funktionieren und wie die ihnen zugrundeliegenden seelischen Baupläne aussehen.

## *Ein Schnelldurchlauf durch die bayerische Seele*

Klischeesäue werden durch Bayern getrieben, dass es eine wahre Freude ist: Da gibt es Blasmusik, Bier, das Oktoberfest, den FC Bayern, BMW, die CSU und natürlich die Tracht, bei der die Frauen ihre Dirndl-Dekolletés mit Blumen und Männer ihre »Wadln« – also die Waden – schmücken.

Doch was den Bayern wirklich außergewöhnlich macht, ist sein Gemüt – seine Seele. Schließlich besitzt die bayerische Mentalität eine erstaunlich vielfältige Ausprägung, die von Realitätsnähe, Schicksalsergebenheit und Einfachheit ebenso geprägt ist wie von Sturheit, Ignoranz und unerbittlichem Kampfeswillen.

»Mia san mia« – nichts drückt die bayerische Seele und das bayerische Lebensgefühl so gekonnt aus wie diese drei kleinen Worte, von denen zwei sogar identisch sind. »Wir sind wir« heißt das. Das klingt einfach, hat aber schwerwiegende Folgen. Mit dieser Formel macht der Bayer dem Rest der Welt klar, dass er das Alphawesen schlechthin ist und ihm somit keiner etwas kann. Klar, den lieben Gott toleriert der Bayer gerade noch als himmlischen Maximus Majestatis, der über ihm thront. Früher gab es dazwischen noch den König und Franz Josef Strauß, aber die gibt es ja beide nicht mehr. Dann aber folgt schon der Homo Bavaricus. Danach dann – mit gebührendem Abstand – die Deutschen und der Rest des Weltbürgertums.

Ich will es gar nicht verhehlen: Ein bisschen kann ich schon verstehen, wenn Sie als Nichtbayer mit diesem »Mia san mia« das eine oder andere Problem haben. Damit sind Sie nicht alleine. Andererseits macht genau dieses ausgeprägte Selbstbewusstsein den Charme des Bayernlandes aus – sagt man. Warum ziehen jedes Jahr Tausende hierher und halten es dann auch noch jahrelang hier aus? Sprich: Dieses »Mia san mia« klingt offenbar erst mal schlimmer, als es gemeint ist. Man sagt ja, wenn ein Preuße in Bayern stirbt, kommen 100 zur Beerdigung – und 90 bleiben dann da ...

Womit wir wieder bei den in der bayerischen Seele verankerten Widersprüchen wären. Und da gibt es noch viele mehr. Einerseits sind Tradition und Kultur für den Bayern schon fast dogmatische Verpflichtung; andererseits ist er durchaus aufgeschlossen für echten Fortschritt (ja, in Bayern wurden schon Halbleiter produziert, als man das woanders noch für einen Haushaltsgegenstand hielt). Einerseits ist er misstrauisch gegenüber Fremden, die er nicht kennt, andererseits jedoch durchaus offen für »gscheide Leit«, also für »brauchbare Leute«, bei denen es dann auch keine Rolle spielt, wie sie aussehen, wo sie herkommen und was genau sie arbeiten – solange sie »gscheid« arbeiten, ob nun im Mittelfeld beim FCB oder als Messdiener in Rosenheim.

So gesehen wirkt das »Mia san mia« also gar nicht wirklich schlüssig, sondern klingt – zumindest auf den ersten Blick – ein bisschen engstirnig, irgendwie überzogen, manchmal auch arrogant und dogmatisch.

Aber wie gesagt: nur auf den ersten Blick. Denn es ist durchaus empfehlenswert, ein bisschen genauer auf die Schaltpläne der bayerischen Seele zu schauen. Dann werden Sie sehen, was es mit dem Bayern (und Bayern) letztlich auf sich hat – und Sie mit ihm bestens koexistieren können.

## Der Stolz

»Bayern ist vielleicht das einzige deutsche Land, dem es durch materielle Bedeutung, durch die bestimmt ausgeprägte Stammeseigentümlichkeit und durch die Begabung seiner Herrscher gelungen ist, ein wirkliches und in sich selbst befriedigendes Nationalgefühl auszubilden.« Das sagte schon Otto von Bismarck. Mit anderen Worten: Seit irgendwann einmal eine Amöbe ihren Arsch aus dem Urschlamm hievte, ist der Bayer stolz.

Er ist stolz auf seine Herkunft, seine Geschichte, seine Kultur, die schöne Natur seiner Heimat, deren wirtschaftlichen Erfolge und natürlich auf die vielen Traditionen und Brauchtümer. Das sei ihm gegönnt, denn zumindest nach eigener Ansicht hat der Bayer dieses alpenländische Paradies, in dem er lebt, selbst geschaffen und erfolgreich ausgestaltet. Mit seinen Händen und seinem Hirnschmalz. Und mit einer Portion Sturheit.

Freilich stellt sich dem geneigten Beobachter die Frage: Ist dieser Stolz angebracht?

Die Geschichte des Bayern reicht weit zurück – wenn auch nicht ganz so weit, wie er oft meint. Trotzdem meinen viele Bayern, dass es sie eigentlich »scho imma« gibt. Dieses »schon immer« schließt übrigens explizit den Zeitraum mit ein, als es auf der Welt ordentlich zu sintfluten begann. Zur Beweisführung wird dann gerne der berühmte mittelalterliche Geschichtenschreiber Aventinus herangezogen, der den Bayern wohlwollend attestierte, in Noahs Arche der Apokalypse getrotzt zu haben. Zugegeben, die Vorstellung ist natürlich hübsch: »Ui, schaug, wias wedat!«, sagt der Bayer – »Schau mal, wie es schüttet«. Und die Bayerin (auf der Arche wurden Mitfahrgelegenheiten ja nur paarweise vergeben) antwortet: »Heagod noamoi, do kummt wos obi. Guad, dos wias no neig'schafft ham!« ( »Herrgott noch einmal, da kommt wirklich was runter. Gut, dass wir es noch hier eingeschafft haben.«)

In Wahrheit sind solche Überlieferungen natürlich Unsinn. Sie sind »a Schman«, wie der Bayer es ausdrückt, also »ein Schmarrn«. Die bayerischen Wurzeln haben vielmehr ein klein wenig später begonnen zu sprießen: Der Stamm der Bajuwaren ist schlicht und einfach aus einem bunten Mischmasch verschiedenster Menschen entstanden, die sich ungefähr auf dem Gebiet des heutigen Bayern getroffen, einander für größtenteils sympathisch befunden und sich zwecks gemeinsamer Zukunftsplanung schließlich zusammengeschlossen haben. Das war etwa zu Zeiten der Völkerwanderung um 375 nach Christus, als Leute aus Böhmen herüberkamen und die Gegend zwischen den Alpen und der Donau als präferiertes, weil friedliches, Siedlungsgebiet auserkoren haben. Dort trafen sie auf den einen oder anderen versprengten Römer, der nach dem Ende der Besatzung durch Kaiser Augustus hiergeblieben und nicht ins sonnige Rom zurückgekehrt war. Dazu gesellten sich dann noch einige Kelten, Langobarden, Ostgoten sowie Reisende aus aller Welt, die das Land auf Ostwest- oder Nordsüdrichtung durchquerten und sich, wohl ob der Schönheit des Landstrichs, spontan dazu entschlossen haben, dazubleiben.

So oder so ähnlich ist der Stamm der Bajuwaren entstanden. Wenn man so möchte, ist Bayern also einer der ersten Multikultistaaten der Welt – was durchaus eine Erfolgsgeschichte ist, auf die man als Einheimischer stolz sein kann.

Die meisten Bayern würden bei dieser eben kurz skizzierten Gründungshistorie durchaus mitgehen. Bei anderen historischen Ereignissen dagegen zeigen sie weniger Geschmeidigkeit. Dass es zum Beispiel ungefähr um 555 nach Christus ein bayerisches Staatsherzogtum gegeben haben soll, das unter den Merowingern Teil des fränkischen Herrschaftsbereichs wurde, wird wie selbstverständlich als geschichtliche Fußnote abgetan. Denn die Franken gehören ja gefühlt eigentlich gar nicht zu Bayern (auch wenn sie sich heute auf bayerischem Staatsgebiet tummeln – sehr zum Leidwesen der Franken selbst). Ausgerechnet diese Franken sollen sich einst die Bajuwaren gewissermaßen einverleibt haben? Das ist für den bayerischen Stolz ebenso schwer zu schlucken wie ein lauwarmes Schnitzel an der Autobahnraststätte.

Ähnlich verklärt wird hierzulande auch die Tatsache, dass die Erlaubnis, das Königreich Bayern auszurufen, später ein Geschenk Frankreichs war. Und das kam nicht mal von Herzen. 1805 durften sich die Bayern nämlich hauptsächlich deshalb die Königskrone in Paris abholen, weil es Napoleon gefiel, Preußen und Österreicher gleichermaßen mit der Ausrufung der bayerischen Monarchie zu ärgern.

Und schließlich war es dann auch mit der Gründung des Freistaats so eine Sache. Zu dem ist Bayern 1918 nämlich vor allem deshalb geworden, weil die neue revolutionäre Regierung um Kurt Eisner, ein Sozialist (!) und Berliner (!!), die Idee dazu hatte. Gewissermaßen war es also weniger die eigene staatspolitische Innovationsbereitschaft, sondern schlichtweg »a Saupreiß« – sogar ein roter Preuße! –, der den Bayern zu demokratischer, freistaatlicher Eigenständigkeit verholfen hat. Wer mag darauf schon stolz sein?

Die Erwähnung von solchen Details wird drum gerne unter den historischen Teppich gebürstet, vermutlich auch deshalb, um das Bayernland nur ja nicht in die Ecke fremdbestimmter, gesichtsloser Gebilde wie Nordrhein-Westfalen zu rücken. Immerhin ist das Traditionsland Bayern ja trotz diffuser Geschichtsinterpretation das älteste ununterbrochen existierende Staatswesen auf deutschem Boden und hat so gut wie alle Staatsformen durchgemacht, von der Diktatur bis zur Demokratie – und nichts konnte dem Land und seinen Menschen wirklich etwas anhaben. Der Bayer, kernig und unbehauen, war einfach nicht totzukriegen. So ist er bis heute: Ob Machtwechsel oder Katastrophen, mit einem stoischen Seufzer, der meistens klingt wie »Ja mei« (das kann man nicht übersetzen), nimmt er die Aufs und Abs des Lebens gelassen hin.

Und was heißt das jetzt für Sie? Wie gehen Sie um mit dem Stolz der Bayern?

Ich kann Ihnen nur raten: Akzeptieren Sie ihn einfach. Nehmen Sie ihn schlicht als gegeben hin, das macht vieles leichter. Wenn Sie es nicht tun, geschieht in der Regel zwar nichts, doch Sie ändern eben auch nichts. Ihre Skepsis wird an ihm abperlen wie an Teflon; dem Bayern ist es weitestgehend egal, was Sie über ihn denken. Das Gute: Er wird auch Sie so akzeptieren, wie sie sind. »A jeder so, wie er mog« – »Jeder so, wie er will«, denkt er sich. Solange Sie nicht versuchen, krampfhaft auch zum Bayern zu werden.

# Der Grant

»Grantler«, von süddeutsch-österreichisch »grantig«, ist ein umgangssprachlicher Ausdruck für einen Menschen mit mürrischer Grundstimmung. Das Wort findet sich vor allem in den bairischen Dialekten. So in etwa heißt es bei Wikipedia. Aber der Begriff »Grantler« transportiert noch viel mehr als das. Der »Grant« oder das »Granteln« ist nämlich ein in Bayern weitverbreitetes Alltagsphänomen. Wenn man so will, ist es ein Urtrieb, der im Erbgut des Ureinwohners verankert ist. Wer grantelt, also grantig ist, der hat etwas auszusetzen, will herumnörgeln, ist nicht zufrieden. Nicht mit dem Fernsehprogramm, nicht mit »dene Rotzlöffln«, die sich im Zugwaggon für seinen Geschmack zu laut unterhalten – und auch nicht mit sich selbst.

Trotzdem ist das Granteln weit davon entfernt, lediglich als schlechte Laune durchzugehen. Schon gar nicht ist er mit dem typisch deutschen Pessimismus verwandt, der Herzenswärme und Humor von vornherein ausschließt. Granteln kennt keinen Zynismus, keine raumgreifende Kritik, die nur ein Ziel hat, nämlich das Durchsetzen der eigenen weltverbessernden Meinung. Nein, der Grant ist vielmehr eine Haltung dem Leben gegenüber, die mal hochköchelt, dann wieder abflaut. Und wie unser aller Leben eben mal traurig ist und mal lustig, so variiert auch der Grant. Mal ist der Grantler »fukksteiwiswuid« (»fuchsteufelswild«) oder sogar »stocknarrisch«, also irgendwie wütend. Dann wieder fällt Grant gedämpfter aus, melancholischer. »Grod z'Fleiß« – also »gerade aus Fleiß« – wird der Grantler seine Frau nach einem Streit so lange nicht um Versöhnung bitten, solange er sich im Recht sieht. Stattdessen wird er ein wenig niedergeschlagen – er fühlt sich ja missverstanden – in die Ferne blicken und vor sich hin grummeln. »Jo mei, d'Weiba hoid« (also »Tja, die Frauen halt«) wird er irgendwann dann doch einlenken und eine versöhnliche Bereinigung der Situation anstreben.

Schließlich gibt es noch eine helle, fast heitere Ausprägung des Grants – und die kann sogar richtig humorvoll sein. Nicht selten geht's dabei ums Wetter …

*Ein kleiner Exkurs übers bayerische Wettergefühl*

Wo immer er ist, empfindet ein Bayer das Wetter grundsätzlich als …

… **zu heiß** (»Hagodzakk, is des hoas!« – »Herrgott, ist das heiß!«)

… **zu kalt** (»Ja lekkst mi, is des zapfig!« – »Ja leck mich doch, ist das kalt!«).

Oder es ist ihm wahlweise …

… **zu trocken** (»Zefix, i veaduaschd glei!« – »Verdammt, ich bin am Verdursten!«)

… oder **zu nass** (»So wia des reng't, wead ja da Hund in da Pfanna v'rukkt.« – »So, wie das regnet, wird ja der Hund in der Pfanne verrückt« – was ausdrückt, dass der Bayer nicht konform geht mit der Niederschlagsmenge, die schon seit Stunden vom Himmel kommt.)

Zu heiß, zu kalt, zu trocken, zu nass – nur eines ist das Wetter eigentlich nie für den Bayern: passend.

Wie aber, werden Sie vielleicht fragen, erkenne ich in der Praxis, ob ich nun einen echten bayerischen Grantler vor mir habe oder eben nur einen ganz normalen Miesepeter, wie es sie überall in Deutschland gibt?

Die folgenden Tipps mögen Ihnen dabei helfen:

1. In der Regel sind Grantler männlich; denken Sie an Karl Valentin, Gerhard Polt oder Walter Sedlmayer. Das heißt: Frauen granteln eigentlich auch, auch öffentlichkeitswirksam: Ruth Drexel im »Bullen von Tölz« war darin geradezu perfekt, und Chrissy Eixenberger kann es auch ganz gut. Okay, über diesen Tipp muss ich noch mal nachdenken …

2. Aber der hier stimmt wirklich: Granteln hat eine gewisse Oberflächlichkeit, die nicht auf einen Konflikt oder gar dessen Eskalation ausgerichtet ist. Der Grantler will nicht ernsthaft beleidigen oder verletzen. Er möchte einfach nur ein bisschen Luft ablassen, ausdrücken, dass ihm etwas nicht »wuaschd« (egal) ist. Das klingt unfreundlicher, als es gemeint ist – denn eigentlich ist der Bayer ja ein positiver Mensch. Ganz eigentlich.

3. Der Grantler schätzt normalerweise die Abgeschiedenheit; man trifft ihn oft allein auf Parkbänken, im Biergarten oder beim Spazierengehen. Allerdings macht es ihm nichts aus, wenn Sie seinen momentanen Seelenzustand mitbekommen. Ob man sein Granteln goutiert oder nicht, hat für den Bayern keine Bedeutung.

4. Granteln findet immer im Dialekt statt. Spricht jemand Hochdeutsch, ist er einfach nur unfreundlich.

5. Die Einfärbung des Grants kann blitzschnell wechseln – von melancholischer Niedergeschlagenheit bis zum wütenden Aufbegehren vergehen oft nur wenige Augenblicke.

Eine wohlgemeinte Bitte: Sie sollten nicht versuchen, den Grant zu imitieren. Selbst wenn Sie – beispielsweise – aus Ostwestfalen stammen und man Ihre äußere Schale als »herb« bezeichnet: Es gibt keine Teutoburger Grantler. Es wird keinem noch so rauen Westfalen, Holsteiner oder Brandenburger gelingen, das, was ein Freund von mir einmal als »Blues des Südens« bezeichnet hat, zu imitieren. Imitationen schätzt der Bayer grundsätzlich nicht.

## Die Liebe

Sie erinnern sich sicher noch an den »Monaco Franze«, oder? Diese großartige gleichnamige Fernsehserie – was ich übrigens nicht erwähne, weil ich da die Ehre hatte, als »Tierparktoni« mitspielen zu dürfen –, in der mein leider viel zu früh verstorbener Freund Helmut Fischer von einem amourösen Abenteuer zum nächsten flaniert. Die Serie hatte den Untertitel »Der ewige Stenz«. Ein merkwürdiger Ausdruck … Wissen Sie denn eigentlich, was ein Stenz ist?

Mal kurz zum Geschichtsbuch im Regal gegriffen: Der Stenz war früher nichts anderes als ein Zuhälter. Aha, da schau her, ein Zuhälter also ... Die stehen nun nicht gerade im Verdacht, besonders sympathische Zeitgenossen zu sein.

Jetzt sollten Sie allerdings wissen, dass das ein uraltes Geschichtsbuch ist und aus einer Zeit stammt, in der es noch kein Farbfernsehen gab, geschweige denn den Monaco Franze. Außerdem gehen wir Bayern mit solchen Definitionen eh ein bisschen vielschichtiger um ...

Wenn der Stenz also kein Zuhälter ist, was ist er dann? Nach landläufiger Definition versteht man unter dem Begriff einen Frauenhelden, der charmant ist und sehr bewandert in der Kunst des Flirtens.

Doch das stimmt so nur teilweise – wir fassen in Bayern den Begriff viel weiter: Wer hier vom Stenz spricht, der meint meist auch die Liebe im Allgemeinen. Der Stenz ist das Kribbeln, das die Schmetterlinge im Bauch verursachen; er ist Herzklopfen, weibliche Verlockung, Jagen, das Teilen der Bettlaken. Und er ist natürlich – wie beim Monaco Franze – der Bavarian Lover himself. Der Stenz ist alles, ist das höchste der Gefühle, das libidinöse Ganze eben, das alles umspannt.

Ohne Liebe, Lust und Leidenschaft wäre der Bayer nichts. Diese scheinbar niemals enden wollende erotische Wanderung ist ein Dynamo seiner Seele.

# Das Geld

Bei aller Liebe, bei allem Schwelgen auf Wolke sieben – was der Bayer schon auch recht gern hat, ist Geld. Der »Diridari« (oder »Flins«, »Flocken«, »Steine«) in der Tasche oder auf dem Konto ist für den Bayern wichtig und unterscheidet ihn damit erst einmal nicht von 99 Prozent aller anderen Menschen. Wobei es durchaus Unterschiede zwischen den beiden Begriffen gibt: »Diridari« ist handfest, greifbar. »Host a Diridari dabei?« (für: »Hast du Geld dabei?«) fragt konkret nach Scheinen oder Münzen. »Flins« dagegen ist viel weiter gefasst. Flins steht auch für Aktien, Fonds, einen Scheck, einen Kontoauszug oder eine zu erwartende Erbschaft. Natürlich gehören auch Geldmünzen zum Flins. Die haben früher hübsch geglänzt – »geflinst«, sagten die Bayern –, daher hat der Flins seinen Namen. Der Flins ist also, wenn Sie so wollen, eine Zustandsbeschreibung. Er lässt Aussagen darüber zu, ob der Bayer vermögend ist oder nicht. Er ist etwas, mit dem man den Wert bemessen und variieren kann. Schließlich kann man Geld horten oder verprassen, nach ihm gieren oder es generös verschenken.

Was immer ich mit dem Geld mache, erst einmal muss ich's haben, denkt der Bayer. Und genau um diesen Zustand geht es beim Flins – einen Zustand, den sich der Bayer, wen wundert's, gerne möglichst erfreulich gestaltet.

Fassen wir das Bisherige einmal kurz zusammen: Der Bayer ist durchaus angetan von seiner eigenen Historie, hin und wieder ein bisschen nörgelig, der Liebe nicht abgeneigt und stets um eine positive Finanzgestaltung bemüht.

In eine einfache Formel gegossen, hieße diese dann:

Stolz + Grant + Stenz + Flins = die bayerische Seele

Wenn Sie jetzt meinen, Sie wüssten nun alles über den Bayern und könnten dieses Büchlein beiseitelegen, vertun Sie sich gewaltig. Denn ganz so einfach verhält es sich natürlich nicht mit der Wesensanalyse unserer Ureinwohner. Obige Formel bildet lediglich – wenn überhaupt – die Benutzeroberfläche des Bayern ab. Um ihn wirklich zu verstehen, werden wir diese Formel jetzt praxisnah verifizieren.

Am besten beginnen wir dort, wo die gefühlte Heimat des Bayern endet und die Fremde beginnt: am berühmten Weißwurstäquator.

## Unsere liebsten Feinde, die Saupreißn

Rein geographisch betrachtet, ist Ihnen die Lage Bayerns sicherlich bekannt: Das Land liegt im Süden der Bundesrepublik. Es grenzt links an Baden-Württemberg und Hessen und oben an Thüringen und, mit einem kleinen Zipfel, auch an Sachsen. So weit, so gut.

Allerdings gibt es in Bayern noch eine weitere, mindestens ebenso wichtige Grenze, an die Sie stoßen, wenn Sie hierherkommen: den sogenannten Weißwurstäquator. Die verläuft etwa knapp südlich von Frankfurt (am Main!) …

Für den Bayern ist diese Demarkationslinie so etwas wie ein imaginärer Schutzwall; eine identitätsbewahrende Kulturgrenze, die er gerade in den heutigen Zeiten vermutlich gerne mit Grenzzaun und Passkontrolle versehen würde. Schließlich drängen über den Weißwurstäquator viele Fremde, denen der Bayer grundsätzlich mit einer gewissen Skepsis begegnet. Dabei macht es für ihn zuerst einmal keinen Unterschied, ob der Besucher vorhat, nur vorübergehend zu bleiben oder auf Dauer, und ob der »Zuagroaste« aus Essen-Rüttenscheid kommt oder aus Burkina Faso. Denn »Zuagroaste« im bayerischen Verständnis sind erst einmal alle Fremden.

Größere Meinungsverschiedenheiten dagegen gibt es bezüglich der genauen Lage des Weißwurstäquators. Fragen Sie beispielsweise einen Münchner, wird der Ihnen sagen, der Weißwurstäquator liege selbstverständlich in einem Radius von hundert Kilometern um die Stadt herum. Diese Sichtweise hat der Münchner ziemlich exklusiv, denn sie würde quasi bedeuten, dass er sich den Österreichern aus Innsbruck inniger verbunden fühlt als den Regensburgern. Für einen Urbayern ist diese Vorstellung selbstverständlich vollkommen absurd.

Eine andere Idee ist es, den Weißwurstäquator an der Mainlinie zu verorten – wahlweise mit der oberdeutschen Sprachgrenze (bekannt als »Germersheimer Linie«) im Fokus oder der historisch-politischen Hegemoniegrenze Preußens gegen Bayern und Österreich, was dann allerdings auch Schwaben und Franken mit einschließen würde. Diese beiden Regionen jedoch unterscheiden sich kulturell derart vom Kernland Altbayern, dass auch dieser Ansatz schnell verworfen werden muss.

Mehrheitsfähig erscheint vielmehr, den Weißwurstäquator grob anhand der Verbreitung seiner Namensgeberin zu verorten. Und da es die Weißwurst ungefähr im Gebiet zwischen Donau und Alpen gibt, verläuft eben auch dort der identitätserhaltende Demarkationswall.

Wer immer von jenseits dieser Grenze stammt, wird mit großem Argwohn betrachtet. Dies gilt besonders für eine Unterart: den »Preißn«, also »Preußen«. Wer ist damit gemeint? Einige Bayern verwenden den Ausdruck grundsätzlich für alle Deutschen nördlich des Mains. So einfach ist es dann allerdings doch nicht. Denn der Preiß existiert in verschiedenen Untergattungen:

1. »**Lebkuacha-Preißn**«: Als Lebkuchenpreußen bezeichnet der Bewohner Altbayerns die Einwohner Frankens, die ja – wenn auch historisch verbürgt – zumindest gefühlt nicht zwangsläufig zu Bayern gehören. Der geringe Status dieser Bevölkerungsgruppe ist ungefähr vergleichbar mit dem der Schwaben. Die Animositäten zwischen Alt- und Lebkuchenpreußen sowie den Schwaben sind allerdings eher spielerischer Natur.

2. »**Isar-Preißn**«: Die Isar-Preußen sind in München beheimatet und haben – da sind sich die Urmünchner sicher – der bayerischen Landeshauptstadt nicht wirklich gutgetan.
   Haargel, Designer-Sonnenbrille, Porsche Cabrio, latente oder offene Großkotzigkeit, Bussi, Bussi und eine Armada aus Hedgefonds-Managern und Immobilienspekulan-

ten – all das verdankt München den Isar-Preißn aus der ganzen Welt, die das Millionendorf in den Augen vieler längst zur aufpolierten Kulisse für Schöne und Reiche verhunzt haben. Die meisten echten Münchner wohnen deshalb – und wegen der absurd hohen Mieten – längst außerhalb. Die Folge: Was in München gesprochen wird, nämlich eine Art Landhausmundart, hat mit dem ursprünglichen Stadtdialekt kaum noch etwas gemein. Das Münchnerische stirbt aus, da geben die Sprachforscher Brief und Siegel darauf und legen das endgültige Verschwinden auf spätestens 2050 fest.

3. »*Saupreißn*«: Die Saupreußen sind in der bayerischen Wahrnehmung die weitaus am wenigsten respektierten Preußen; für sie hegt der Bayer eine in Jahrhunderten kultivierte Antipathie. Sie sind der vermeintliche Inbegriff des bayerischen Feindbildes schlechthin.
Zur Entstehung dieses Feindbildes wesentlich beigetragen hat König Max II. von Bayern, also ironischerweise ausgerechnet ein bayerischer Regent. Max II. war ein ausgewiesener Freund der Wissenschaften und hielt es für eine gute Idee, seinem Volk jede Menge Gelehrte aus dem Königreich Preußen vor die Nase zu setzen – es müsse etwas getan werden in Sachen Bildung und Intellekt, fand der Monarch. Und das taten die preußischen Wissenschaftler dann auch, auf eine Weise, die ihrem Naturell entsprach: mit Logik, Verstand und einem unmissverständlichen Bestehen auf ihr Wissen. Kurzum, sie traten als »Gscheidhaferl« (»Besserwisser«) auf, was

der bayerisch-preußischen Völkerverständigung wenig hilfreich war. Was wollten diese protestantischen Wichtigtuer aus dem Norden schon vermitteln, rumorte es in der katholisch-bayerischen Seele. Erste Aversionen machten sich breit, sie gärten leise vor sich hin wie Bierhefe. Doch der große Aufschrei folgte erst, als sich Maximilians Sohn Ludwig II. ein paar Jahre später von Bismarck überzeugen ließ, die Bayern mögen nun bitte dem Deutschen Reich beitreten – das war 1870. Trotz nach wie vor bestehender eigener Post, eigener Bahn und eigener Armee: Der Beitritt kam für Bayern de facto der Aufgabe seiner Unabhängigkeit gleich, auf politischer Ebene sowieso, aber eben auch auf kultureller. Denn Preußen war übermächtig im Reich und bestimmte über das Wohl und Wehe der anderen Mitgliedsstaaten.

Jetzt tut sich der Bayer eh schon schwer, wenn ihm jemand sagt, was er tun oder lassen soll. Aber ausgerechnet Preußen? Und da war er schließlich, der Aufschrei: »Saupreißn, varekkte!« Die »verrückten Saupreußen« verkörperten in den Augen des Bayern das absolute Gegenmodell seiner eigenen Identität. Hier die Preußen mit ihrem kühlen, rationalen Pflichtgefühl, mit dem ultimativen Respekt vor der Obrigkeit, mit ihrem Heer aus Soldaten, Beamten und sturen Staatsdienern. Und auf der anderen Seite die katholischen Bayern, denen diese kalte Anonymität, in die man sie nun zwängen wollte, völlig fremd war; die sich von Traditionen und Brauchtum, von ihren Gefühlen leiten ließen, denen sie »oiwei scho« vertraut hatten. Dass ausgerechnet Ludwig II., ihr über alles geliebter »Kini«, der emotionale Romantiker und Märchenkönig, zu dieser unglücklichen Fusion seinen Segen gab, muss vielen Bayern sauer aufgestoßen sein.

Freilich muss der Bayer in einer stillen Stunde zugeben, dass ihm im Laufe seiner Geschichte nach eigenem Ermessen grundsätzlich stets übel mitgespielt wurde: Ob im Fränkischen Reich, im Heiligen Römischen Reich Deutscher Nation, im »Tausendjährigen Reich« oder in der Bundesrepublik – der Bayer hat eigentlich immer das Gefühl, dass er, wie auch immer, von seinen Partnern über den Tisch gezogen wurde. Das stimmt natürlich nicht, wird aber immer wieder gern zum Ausdruck gebracht.

In Wirklichkeit jedoch, da bin ich mir sicher, ist diese gelebte Feindschaft zwischen Bayern und »Saupreißn« gar nicht so ausgeprägt, wie manch einer hierzulande tut. So furchtbar wenig haben die Weiß-blauen nämlich gar nicht übrig für die Preußen. Der Bayer ist ja nicht blind, er registriert durchaus, dass es tüchtige Preußen gibt und immer gegeben hat: Menschen mit fixem Verstand und noch fixerem Mundwerk. Früher hat der Bayer die preußische Überlegenheit und sein eigenes Minderwertigkeitsgefühl kaschiert, indem er die preußischen Talente herunterputzte. Ein Witz, ein bisschen granteln oder, wenn's sein muss, auch mal ein Fluch – schon fühlt der Bayer sich besser. Heute hat er das nicht mehr gar so nötig, denn in Sachen Effizienz hat der Bayer den Rest der Republik längst eingeholt, wenn nicht

31

überholt. Wenn der Bayer also heute immer noch auf einen »Saupreißn« schimpft, hat das heute oft ganz andere Gründe als früher.

Sollten Sie also je in die Verlegenheit kommen, von einem Ureinwohner des Freistaates als »Saupreiß« beschimpft zu werden, seien Sie nicht gekränkt. Nehmen Sie es möglichst souverän hin, denn dieser Ausbruch dient mehr dem Seelenheil des gequälten Bayern als Ihnen persönlich.

# II.

## »SERVUS!« – Das neue sprachliche Selbstbewusstsein

Ja, der Bayer ist kommunikativ. So weit, so gut. Das Problem: Diese Kommunikation geht einher mit einem nicht ganz leicht zu erlernenden Wortschatz. Und die Sinnhaftigkeit der Aussagen eines Bayern ist für Außenstehende mitunter nicht leicht zu erschließen.

Im folgenden Kapitel werden Sie lernen, die bairische Sprache in ihren elementaren Grundzügen zu verstehen oder diese zumindest zu erahnen. Am Ende werden Sie in der Lage sein, sie zumindest zu imitieren und sogar ganze Sätze formulieren zu können.

Die Fragen, die hinter alldem stehen, lauten: Was sagt der Bayer – und was, verdammt noch mal, meint er damit? Was ist ernst gemeint und was ironisch? Und: Wie können Sie sich mit ihm verständigen?

Auf all diese Fragen finden Sie die passenden Antworten. Auf Ihrem Weg, möglichst optimale Ergebnisse zu erreichen, lassen Sie sich bitte von Rückschlägen und anfänglichen Missverständnissen nicht entmutigen. Der Bayer leidet zwar nicht gerade an einem Helfersyndrom, aber ein

Kontakt-Phobiker, der Ihnen grundsätzlich mit einem Maximum an Unfreundlichkeit begegnet, ist er auch nicht. Keine Sorge, Sie kommen schon miteinander ins Gespräch.

Im Freistaat Bayern gibt es im Wesentlichen drei dialektische Ausprägungen: Fränkisch, Schwäbisch und Bairisch.

»Boarisch«, wie die Bayern sagen, wird in Ober- und Niederbayern sowie in Teilen der Oberpfalz gesprochen, und ohne jeden Zweifel halten es die Menschen hier für das einzig angemessene Wortgut, um sich zu verständigen. Doch so hermetisch regional, wie viele meinen, ist die bairische Mundart gar nicht. Der bairische Dialekt (bei dem die Wissenschaft seit jeher darüber streitet, ob er überhaupt ein solcher ist oder eher eine eigene Sprache) zählt zu den ältesten in ganz Europa. Er enthält haufenweise Wörter aus dem Arabischen, Skandinavischen, Russischen oder Französischen. Denken Sie nur an das französische »Merci«, das »Danke«, das als alpenländisches »Meassi« mittlerweile komplett eingebairischt ist.

Bairisch hat tatsächlich gar nichts zu tun mit dem oft unterstellten Griesgram-Grummeln, auch nichts mit der simplen Aneinanderreihung fragwürdiger Bestandteile eines minimalen Wortschatzes, die angeblich mehr gegrunzt und geschnaubt wird als gesprochen. Vollkommen falsch. Bairisch ist vielmehr eine Sprachkunst, eine ganz wunderbar weiche sogar (die sich dadurch vom harten Hochdeutschen abhebt). Da wird zum Beispiel in einigen Gegenden Bayerns das »r« akrobatisch mit der Zunge gerollt. Andere Bayern wieder setzen die Nasen- und Stirnnebenhöhlen virtuos als Resonanzkörper ein. Es gibt Satzkonstruktionen, die voller Sprachmelodie sind, und wieder andere, die getragen sind von Nasallauten. All das macht – Umfragen beweisen das immer wieder – Bairisch zum beliebtesten Dialekt in Deutschland. Okay, neben dem Norddeutschen …

Bei einer derartigen Liebe, die dieser Ausdrucksweise entgegenschlägt, verwundert es allerdings, dass Bairisch im Jahr 2009 laut UNESCO noch als bedroht galt (was bei einer Sprache immer dann der Fall ist, wenn weniger als 30 Prozent der Kinder sie sprechen). Heute hat sich das geändert. Bairisch hört man wieder – und wie: in den Städten, auf dem Land, in Kindergärten und Schulen, bei den jungen Leuten, die es selbst in Chats oder E-Mails verwenden. Irgendwo habe ich sogar gelesen, dass Kinder sich beim Erlernen einer Fremdsprache leichter tun, wenn sie Deutsch UND Bairisch sprechen. Hirnforscher haben das angeblich herausgefunden. Wusste ich's doch – Dialekt macht also schlau.

Bairisch ist also wieder da und auf dem Vormarsch – dem Herrn im Himmel sei Dank, kann ich da nur sagen. Man muss es ja nicht unbedingt halten wie der Münchner Schriftsteller Oskar Maria Graf, der sich im New Yorker Exil über Jahrzehnte hinweg stur wie ein Esel geweigert hat, Englisch zu sprechen. Aber ein gewisser Stolz, ein Bewusstsein für Tradition und die Werte der Heimat, diese Dinge sind schon richtig. Warum soll ich nicht bairisch sprechen, wenn ich in Hamburg drehe? Oder mich verstellen, wenn ich in Düsseldorf in ein Taxi steige? Dieses sprachliche Selbstbewusstsein hat der Süden nun einmal, und das nimmt er auch mit, wenn er die Demarkationslinie des Weißwurstäquators überquert. Bairisch ist schließlich kein Hindernis, sondern eine Bereicherung. Es ist ein Identifikationsmerkmal, ein ganzer Teil unserer Identität. Und die darf nicht verlorengehen, die muss gelebt werden. Dialekt schweißt zusammen, erzeugt Nähe, lässt uns spüren: Da ist einer, der tickt wie du.

Verstehen, Verständnis – womit wir schon beim eigentlichen Thema dieses Kapitels wären ...

Denn dass wieder mehr Bairisch gesprochen wird, könnte sich für Sie als des Bairischen nicht Kundigen beim Aufeinandertreffen mit einem Ureinwohner als Problem entpuppen. Sie können natürlich Glück haben, dann geraten Sie an einen Bayern, der willens ist und in der Lage, schnell vom Bairischen ins Hochdeutsche zu wechseln. Für alle anderen Fälle habe ich Ihnen das folgende Sprach-Tutorial zusammengestellt.

## Vorsicht, Zungenbrecher! – Die Aussprache

Das Wichtigste an jeder Sprache ist das phonetische Grundgerüst. Das gibt vor, wie Buchstaben in bestimmten sprachlichen Umfeldern ausgesprochen und betont werden. Um keine kapitalen Fehler zu machen, die jede Kontaktaufnahme von vornherein scheitern lassen, hier die wichtigsten Regeln:

- Die Vokale »a« und »o« werden meist offen und hell ausgesprochen. Also zum Beispiel: »Fakkl« für »Fackel« oder »Sokkn« für »Socke«.
- Das »oa« steht im Bairischen für »ei«. Also etwa: »Goaß« für »Geiß«.
- Die Buchstabenabfolge »ann« wird grundsätzlich zu »o«. Beispiele: Der »Mo« ist der »Mann«, »ko« steht für »kann«.
- »Der« oder »dir« wird kurz und bündig zu »da«. Beispiele: »da Mo« für »der Mann« oder »I sog da wos« für »Ich sage dir etwas«.
- »Ma« bedeutet im Bairischen »mir«. »Gib ma wos« heißt also »Gib mir etwas«.
- Die Buchstabenabfolgen »al«, »ahl« oder »all« werden zu »oi« und mit hellem »o« gesprochen. Also: »Woid« für »Wald«, »Zoin« für »Zahlen« oder »Foi« für »Fall«.
- Die Buchstabenabfolgen »ol« oder »ohl« werden ebenfalls zu »oi«. Dieses wird hier jedoch dunkel und lang ausgesprochen: »Hoiz« für »Holz« oder »gstoin« für »gestohlen«.
- Die Buchstabenabfolgen »il«, »iel«, »ill«, »ül«, »ühl«, »üll«, »ul«, »uhl« und »ull« werden zu »ui«. Beispiele: Ein »Buid« ist ein »Bild«, »Gfui« ist das »Gefühl«.
- Weiche Konsonanten werden im Wortinneren zwischen Vokalen weich ausgesprochen. Zum Beispiel »Kaibe« für »Kälbchen« oder »Loabe«, was »Laib« bedeutet.
- Am Wortanfang werden »sp« zu »schp« und »st« zu »schd«. Beispiele: »Schpui« für »Spiel«, »Schdia« für »Stier«.

- Nach Vokalen, vor allem nach »e« und »i«, tendiert das »r« dazu, wie »ea« (»Beag« für »Berg«) bzw. »ia« (»Tia« für »Tier«) ausgesprochen zu werden.
- Die Fürwörter »sie«, »es« und »ihn« werden normalerweise (teils im Nominativ, teils im Akkusativ) ans Verb oder Hilfsverb angehängt: »Hams« bedeutet »Haben sie«, »i hab'n« bedeutet »ich habe ihn« und »hat's« »hat sie«.

Wenn Sie sich mit diesen grundlegenden Ausspracheformalien vertraut gemacht haben, kann es weitergehen. Denn neben der Aussprache gibt es im Bairischen zahlreiche grammatikalische und bedeutungsspezifische Besonderheiten, die für eine gelingende Unterhaltung notwendig sind. Die wichtigsten folgen jetzt.

## San's so weid für die wichtigsten Besonderheiten?

*A.* Grundsätzlich gibt es in Bayern die **Tendenz zur sprachlichen Vereinfachung**. Der Bayer versucht das meiste so kurz wie möglich auszudrücken. Dazu folgendes recht hübsche Beispiel, das Sie so oder in ähnlicher Form bestimmt schon erlebt haben:

Ein Paar, die beiden möchten abends essen gehen … Der Mann wartet bereits ausgehfertig an der Haustür. Die Frau dagegen steht noch im Bad und macht sich hübsch. Das kann bekanntlich auch mal länger dauern. Also wird der bayerische Mann vermutlich sagen: »I war dann so weid ...«

Mit diesem »Ich wäre dann so weit ...« will er ausdrücken, dass er längst fertig ist; dass seine Frau jetzt schon stundenlang vor dem Spiegel steht, obwohl sie doch auch ungeschminkt wunderbar aussieht; dass sie bei Gelegenheit wirklich mal losmüssten, weil sonst eventuell das Lokal schließt und sich bei diesem drohenden Unheil seine Laune zusehends verschlechtert. All diese Gefühle und die damit verbundene, an seine Frau gerichtete Handlungsaufforderung verpackt der Bayer in den fünf kleinen Worten »I war dann so weid ...!«

**B.** Wenn der Bayer die Contenance verliert und wirklich emotional gefordert wird, wechselt er zum **Sprechen ohne Punkt und Komma**. Sind kurze bairische Sätze für Nichtbayern noch halbwegs zu bewältigen, kann er beim besten Willen solche komplexe, zusammenhängend ausgesprochene Konstruktionen kaum noch verstehen. Ob also Ihr Verständniszentrum bei »Himme-heagod-no-amoi-zefix-halleluja-sakkl-zemend-no-amoi-du-rindviech-du-graisligs« noch fehlerfrei arbeitet, bezweifele ich. (Dieser Wortwurm bedeutet sinngemäß: »Himmel Herrgott noch einmal, das kann doch nicht wahr sein, du blöde, hässliche Kuh.« Wenn Sie so etwas hören, können Sie freilich alle weiteren Kommunikationsbemühungen ohnehin einstellen.)

**C.** Der Bayer arbeitet gerne mit der **Verkleinerungsform**. So wird aus dem »Schild« ein »Schuidl« und aus der »Tür«

ein »Diarl«. Allerdings verbindet er damit nur dann eine gewisse Niedlichkeit, wenn das Wort im Bairischen normalerweise nicht mit dem Diminutiv gebildet wird Also: »A Hundal« (für: »ein Hündchen«) bezeichnet wirklich einen winzigen Bello – ein »Buidl« (für: »Bildchen«) jedoch kein kleines, sondern ein ganz normales Bild.

Leider gibt es hier keine Regelmäßigkeit – Sie müssen schlicht und ergreifend lernen, wann der bairische Diminutiv eingesetzt wird und wann eben nicht.

**D. Fragen, die keine sind**: Viele Verständigungsprobleme resultieren daraus, dass man beim Bayern manchmal gar nicht recht weiß, was er eigentlich ausdrücken möchte. Das gilt nicht zuletzt für gebräuchliche Fragestellungen wie die wohl bekannteste: »Ja, wo samma denn?« (»Ja, wo sind wir denn?«). Oft scheint der Bayer also wissen zu wollen, wo man sich gerade befindet. Aber das weiß der Fragesteller sehr wohl. Geographie spielt bei dieser Frage gar keine Rolle, der Bayer erwartet überhaupt nicht, dass Sie ihm darauf antworten. Vielmehr drückt »Ja, wo samma denn?« nichts als Entrüstung aus. Etwas passt dem Bayern gerade nicht, geht ihm gehörig gegen den Strich. Angewendet wird dieser Ausdruck vor allem dann, wenn jemand gegen landläufige Gebräuche verstößt.

**E.** Die in Bayern oft angewendete **doppelte Verneinung** gehört gewissermaßen zum kleinen Einmaleins des Bairischen, das Sie zumindest ansatzweise parat haben sollten. Sie könnten als Mann ja zum Beispiel in folgende Situation geraten: Sie sitzen im Bierzelt auf dem Oktoberfest, haben schon ein, zwei Maß intus, die Blasmusik spielt, Sie sind bestens gelaunt – und dann sehen Sie am Nachbartisch diese fesche Einheimische und sprechen sie prompt an. Natürlich könnte es sein, dass Ihr Flirtversuch erfolgreich ist – auf der Wiesn ist das sogar ziemlich wahrscheinlich. Es könnte allerdings auch sein, dass Sie von der ebenfalls anwesenden Freundin Ihres Opfers der Begierde Folgendes zu hören kriegen: »De Maria hod koa Lust ned di kenna z'leana.« Dies bedeutet, dass die von Ihnen umworbene Maria »keine Lust nicht« – also wirklich überhaupt keine Lust! – hat, in Kontakt mit Ihnen zu treten. Genau diese Nachdrücklichkeit wird durch die doppelte Verneinung ausgedrückt.

**F.** Abgrenzende Spracheigentümlichkeiten (sogenannte **bairische Idiomatismen**) sind tief verwurzelt im Sprachschatz der Bajuwaren. Dazu gehören folgende Ausdrücke, deren wahre Bedeutung sich nicht zwangsläufig erschließt:

– Der Bayer beginnt viele Sätze mit »ja, mei«, was für ihn so etwas ist wie die kurze Rechtfertigung eines höchstwahrscheinlich unabänderlichen Sachverhalts. »Ja, mei« heißt, dass man da nichts machen kann; dass man etwas einfach so hinnehmen muss, wie es ist.

– Die »g'mahde Wiesn« (»gemähte Wiese«) hat nichts mit Rasenmähen zu tun. Sie beschreibt vielmehr hundertprozentige Erfolgsaussichten. Die g'mahde Wiesn findet in Bayern vor allem die CSU bei Wahlen vor oder der FC Bayern München vor Bundesligapartien.

- »Du kost mi geanhamm« (»Du kannst mich gern haben«) ist auch so etwas, das der Bayer gerne sagt. Allerdings ist das keinesfalls eine Aufforderung zur gegenseitigen Sympathiebezeugung. Ganz im Gegenteil: Wenn der Bayer diesen Ausdruck verwendet, will er damit sagen, dass sein Gegenüber ihn gewissermaßen mal kreuzweise kann – und dass er ab sofort keinen weiteren Diskussionsbedarf sieht. Hier ist dann vorsichtige Deeskalation angebracht, um das angestaute Konfliktpotential abzubauen.
- »Geh weida« ist in der Regel nicht als Aufforderung zum Ortswechsel zu verstehen. Dahinter verbirgt sich vielmehr die Aussage: »Wirklich? Komm, hör auf ...« Hier wird also Ungläubigkeit geäußert oder zumindest leiser Zweifel.
- Kennen sollten Sie schließlich noch folgende Redewendungen: »Auf da Brennsupp'n dahea g'schwomma« – wenn Ihnen ein Bayer vorwirft »auf der Brennsuppe daher geschwommen« zu sein, will er Ihnen mitteilen, dass er Sie nicht ganz für voll nimmt. Meist attestiert er Ihnen damit ein in seinen Augen recht schlichtes Gemüt.
- Last but not least bedeutet »Dea Kas is biss'n« (»Der Käse ist gegessen«) nichts Kulinarisches; es heißt vielmehr, dass etwas beendet und abgeschlossen ist – so wie jetzt der Abschnitt über die bairischen Idiomatismen.

G. Die **Verwendung von Flüchen**: Grundsätzlich gilt der Bayer als friedlich. Auch das bereits beschriebene »Granteln« zählt normalerweise nicht zu den vehementen Unmutsäußerungen. Gerät der Bayer allerdings einmal in Rage – wobei der Grund dafür keine primäre Rolle spielt –, aktiviert sich automatisch sein in der DNA integriertes Polter-Programm. Jetzt könnten Sie als des Bairischen Unkundiger natürlich sagen, dass es vielleicht gar nicht so schlecht wäre, solche Verbalattacken nicht zu verstehen, nach dem Motto: Was kümmert es mich, ich hab ja keine Ahnung, was mir da an den Kopf geworfen wird. Andererseits gilt auch hier das Sprichwort, dass Wissen eben Macht ist. Wenn Sie also wissen, was der aufgebrachte Bayer Ihnen da um die Ohren haut, haben Sie auch die Möglichkeit, entsprechend darauf zu reagieren – was Sie gegebenenfalls sogar von der unangenehmen Verteidigungs- in die Angriffsposition bringt und Ihnen die Chance gibt, den Bayern durch einen treffend gesetzten Konter zu beeindrucken.

Deswegen sollten Sie folgende Fluchfloskeln unbedingt kennen und notfalls auch anwenden können:

– »Dammischa Depp«: Obwohl der Ausdruck derb klingt, ist er noch nicht wirklich schlimm. Er bildet quasi eine Fluch-Vorstufe. Schließlich werden auch Freunde – gerade in bierseliger Laune am Stammtisch – hin und wieder so genannt, zum Beispiel, wenn Sie partout anderer Meinung bezüglich des letzten Bayernspiels sind und sich »gar nie nicht« (Sie erinnern sich an die doppelte Verneinung?) vom Gegenteil überzeugen lassen wollen.

– Heftiger wird es schon, wenn Sie jemand »deppata

Aff« nennt. »Dummer Affe« sagt man in Bayern zu einem Menschen, den man für schlichtweg bescheuert hält. Alternativ wird auch der Ausdruck »g'selchta Aff« verwendet; dies beschreibt jemanden, der besonders hartnäckig an seiner Dummheit festhält. Hintergrund: »Selchen« ist ein bairisches Wort für räuchern bzw. durch Rauch haltbar machen – übertragen wird Ihnen also die Konservierung Ihrer Dummheit nachgesagt. Wenn der Bayer diese Formulierung dann noch mit »Schleich di!« ( »Schleich dich, schau, dass du weiterkommst!«) ergänzt, dann erwartet er, dass man sich möglichst schnell vom Ort des Geschehens entfernt.

– »Du Dreckshamme!«. Als »Dreckhammel« beschimpft der Bayer nicht nur einen schmutzigen, sondern auch einen unmoralischen, ungebildeten oder sogar hinterhältigen Mann. Die Tierbezeichnung »Hammel« wird durch den »Dreck«-Zusatz noch verstärkt.

– Auch bei der »zammazupfd'n Hena« greift der Bayer beherzt in die Tierweltkiste. Als »Hena« (also »Henne«) werden dumme, ungeschickte Frauen bezeichnet. Als »zammazupfd« gelten sie, wenn sie auffällig oder schäbig gekleidet sind (sich ihre Kleidung also offensichtlich »zusammengezupft« haben). Ähnlich wie die »Hena« gilt auch die »Wachtel« als Schimpfwort. So nennt man eine oft ältere oder dicke Frau, die auffällig schlecht gekleidet ist. Der Zusatz »Spinat-« verstärkt die Missbilligung.

- Noch eine Floskel aus der Fauna: Ein »Hundskrippe« ist gleichzusetzen mit einem frechen, ungezogenen Jungen. Dahinter steckt das Wort »Krüppel«. Wie bei vielen anderen Schimpfwörtern wird auch hier die negative Bedeutung mit dem Zusatz »Hunds-« hervorgehoben.

- Mit einem »Gschaftlhuaba« meint man im Bairischen einen Mann, der besonders geschäftig (»g'schaftlig«) ist, sich über die Maßen wichtig nimmt und sich überall einmischt.

- Sämtliche bairischen Flüche lassen sich übrigens durch den Einsatz von Zusatzelementen in ihrer Wirkung potenzieren. Dann verwendet der Bayer zum Beispiel die Ergänzung »Zefix« (von Kruzifix), »Sakklzement« oder sogar »Kraizsakklzement«. Letztere sind vermutlich Kraftausdrücke von den Arbeitern, die früher die schweren Zementsäcke zum Bau der Kirchen schleppen mussten.

**H.** Die Verwendung des ***bairischen Konjunktivs***: So kreative Schimpfwörter und Flüche die Bayern auch haben, sie können auch richtig nett sein. Verstärkt wird diese Eigenschaft durch den sogenannten bairischen Konjunktiv. Erscheint ein Bayer beispielsweise zu einem Termin – nehmen wir einmal an, beim Zahnarzt –, dann wird er beim Betreten des Raumes vermutlich sagen: »I war jetzt do!«, auf Deutsch also: »Ich wäre jetzt da!«. Damit will der Bayer nicht etwa Zweifel an seiner Existenz ausdrücken. Vielmehr lässt er sein Gegenüber mit dem Konjunktiv höflich wissen: »Da bin ich, und wenn es in Ordnung ist und es die Zeit erlaubt, können wir mit der Besprechung/der Behandlung beginnen.«

**1. Possessivpronomina**: Das »Ihr« wird im Bairischen zum »Eana«. Anstatt »Ihr Gepäck« wird der Hotelportier also gegebenenfalls »Eane Sach'n« aufs Zimmer bringen lassen – eventuell mit dem höflichen Hinweis, »Eana Bua«, also »Ihr Junge«, möge vorher die Zeitungen wieder aufheben, die er gerade von der Rezeption gerupft hat …

**J. Berührungsängste mit einem erweiterten Wortschatz** sind beim Bayern nur noch vereinzelt festzustellen. Dennoch sind Vorbehalte gegenüber Neuartigem hier und da vorhanden. Und so kann es geschehen – wie kürzlich auf einem Ausflug selbst erlebt –, dass aus einem Trekkingfahrrad eben »des andane do«, also »dieses andere da« wird …

# III.
## Sex und Liebe

Bayern war schon immer grün. Also was die Natur betrifft – politisch gesehen schaut's ein bisschen anders aus. Schon ganz früh, also vor tausend und ein paar zerquetschten Jahren, gab es hier jede Menge Wiesen, Moore – und: Bäume. Die vor allem. Ohne despektierlich zu sein, könnte man also sagen: Der Bayer kommt aus dem Wald.

Und was tat er dort? Er versuchte durchzukommen, irgendwie. Also wurde er Jäger und Sammler, immer darauf erpicht, das Überleben des Stammes der Bajuwaren abzusichern. Dazu musste er natürlich essen. Er musste auch halbwegs passabel wohnen. Und er musste dafür sorgen, dass es immer neue kleine Bajuwaren gab. Der bajuwarische Mann war also stets auf der Suche nach begattungswilligen Partnerinnen, mit denen der eigene Fortbestand gewährleistet wurde. Und weil er erfahrungsbedingt wusste, dass »a bissl wos imma geht«, ihm also quasi eine gottgegebene Erfolgsgarantie innewohnt, ist ihm dieser Jagdtrieb durch die Jahrhunderte hindurch niemals abhandengekommen.

Wenn Sie einmal schauen mögen, wie toll es die Bayern im Laufe ihrer Geschichte getrieben haben …

Da war zum Beispiel ein gewisser Kurfürst Max II. Emanuel, der bis Anfang des 18. Jahrhunderts so ziemlich jedem Frauenrock nachgestiegen ist, der seinen Weg kreuzte. Er hatte so viele Affären, dass sein Ärzte- und Beraterstab sich bald ernsthafte Sorgen um seine Gesundheit machte – schließlich war gegen die Syphilis damals noch kein Kraut gewachsen. Irgendwann hat der Kurfürst dann geheiratet, und man könnte meinen, mit dem Einlaufen in den ehelichen Hafen hätte er ein bisschen von seiner Umtriebigkeit verloren. Doch weit gefehlt: Selbst nachdem er seiner Maria Antonie das Jawort gegeben hatte, suchte Max sich eine Geliebte nach der anderen. Ähnlich verfuhr dann übrigens auch sein Sohn Karl Albrecht, der sich am liebsten mit mehreren Mätressen gleichzeitig im Schwimmbad des Nymphenburger Schlossparks vergnügte.

Auf amourösen Pfaden wandelte im 19. Jahrhundert auch König Ludwig I. Standhaft machte er dort weiter, wo seine royalen Brüder im Geiste altersbedingt irgendwann geendet hatten: in der Horizontalen. Zu Ludwigs Liebschaften gehörten fesche Gräfinnen und Opernsängerinnen ebenso wie bodenständige bayerische Mädchen. Derweil saß seine Gattin Therese brav zu Hause und hütete die neun gemeinsamen Kinder – wobei man sich schon fragen darf, wann der König für deren Zeugung eigentlich die Zeit gefunden hatte …

Die Lust und die Leidenschaft: In dieser Beziehung ist Ludwig ein typischer Bayer. Denn er liebte nicht nur die Frauen – die natürlich auch! –, er liebte eben auch die Liebe an sich. Dieser Rausch, dieses Tanzen der Hormone – für einen Menschen wie Ludwig, der alles Schöne dieser Erde aufsog, musste dieses Gefühl einem emotionalen Idealzustand gleichgekommen sein. Umso mehr übrigens, als der König sich nicht mit einem schlechten Gewissen herumschlagen musste: Dieses ließ er sich – damals wie heute Usus in Bayern – immer wieder durch eine Beichte von den Schultern nehmen. Dass solch eine Absolution jedoch selbst in Bayern, wo man zum Herrgott einen besonderen Draht hat, ihre Grenzen hatte, bewies Ludwigs Ende als Monarch: Die Affäre mit der exzentrischen und ziemlich monetär orientierten Lola Montez erboste das konservative Bürgertum in Bayern dermaßen, dass der König schließlich abdanken musste.

## Wie der Bayer über die Liebe spricht

– Das Bairische ist, wie Sie bereits aus dem Kapitel über die Sprache wissen, immer ein wenig mit Ironie durchzogen. Dadurch können für das Gegenüber, in diesem Fall also für Sie, einige Verwirrungen entstehen. Seien Sie also aufmerksam und schalten Sie den Ironie-Sensor auf Empfang.

– Da der Bayer grundsätzlich davon ausgeht, nicht richtig verstanden zu werden, benutzt er beschreibende Bilder, um seine Gefühle auszudrücken. Besonders häufig verwendet er dabei das Bild der Sau. Sie kann sowohl in negativem (»saudeppad« für: saublöd) als auch in positivem Kontext eingesetzt werden. Sollte ein Bayer Sie also »sauguad« (für: saugut) finden, wird er Sie vermutlich ansprechen.

– Der Bayer besitzt eine Seelentiefe, die ihresgleichen sucht. Eine direkte Liebeserklärung dürfen Sie von ihm dennoch nicht erwarten. Die Botschaft, die der Bayer übermitteln möchte, versteckt sich vielmehr hinter mehr oder weniger blumigen Umschreibungen. Ein Bayer wird also vermutlich niemals sagen: »Ich liebe dich.« Sollte er sich durchgerungen haben – was für ihn schon eine enorme Hürde war –, Ihnen sein Herz auszuschütten, dann wird er sagen: »I hob di narrisch gean«. Das kommt einem verbalen Nonplusultra gleich und bedeutet, dass er Sie richtig gernhat, dass er schon ganz »narrisch«, also verrückt nach Ihnen ist.

– Sollten seine Avancen bei Ihnen erfolgreich gewesen sein, schwebt der Bayer im siebten Himmel; dann liebt er Sie in diesem Augenblick bedingungslos. Ein wichtiger Hinweis freilich: Dass dieser Gefühlszustand nachhaltig ist, kann man nicht garantieren. In einigen Fällen ist das sogar explizit ausgeschlossen; aber dazu später mehr.

– Ist der Bayer dagegen bei Ihnen abgeblitzt, gibt es eine solch heftige Gefühlsregung nicht. Er wird die Abfuhr vielmehr weitgehend gelassen hinnehmen, in dem Wissen, dass – »Ja mei, so is des hoid!« – zwar jeder Topf seinen Deckel findet, Sie selbst aber in diesem speziellen Fall eben nicht der richtige Deckel waren. Hilfreich bei dieser Einstellung ist zusätzlich, dass der Bayer in der Gewissheit lebt, dass auch andere Mütter hübsche Töchter haben.

Kommen wir zurück zur Geschichte des bayerischen Balz-verhaltens, bei dem sich natürlich nicht nur der Adel hervorgetan hat, sondern auch Männer aus dem Volk. So trieben sich zum Beispiel um 1900, als die Boheme in Bayern aufblühte, jede Menge künstlerisch veranlagte Jäger und Frauenherzen-Sammler hier herum – vor allem in München, wo es für die Damenwelt schicklich war, sich in Schwabinger Cafés oder Künstlerkneipen als williges Opfer eines Malers, Bildhauers oder Musikers zur Verfügung zu stellen.

Streift man weiter durch die Zeit, so gerät man rund 50 Jahre später zwangsläufig an einen gewissen Sigi Sommer. Der war ein berühmter Autor und Journalist, welcher über die Liebe und die Frauen und die Männer, die sie jagen – also in Summe über den bayerischen Stenz –, so manch kluges Wort verfasst hat. Etwa diesen erhellenden Absatz:

*»Sie sind immer auf der Suche nach amourösen Abenteuern und haben Ameisen nicht nur in den Schuhen, sondern auch in der Unterwäsche. Der Stenz zeichnet sich durch einen perfekten Windsor-Knoten aus, hatte meist eine kleine Stieglitzfeder unter dem Band des leicht in den Nacken geschobenen Hutes, manchmal auch ein Stangerl, sprich Zigarette, hinter dem rechten Ohr und gerne zwei Finger in der unteren Westentasche. Seine Jagdbeute waren nicht selten die sogenannten ›Kocherl‹, Dienst- und Alleinmädchen und mindere weibliche Geistesgrößen, die er mit einem gezielten lustigen Schmus in die Horizontale zu bringen versuchte.«*

So hat es Sigi Sommer, den München mit einer Bronze-statue in der Nähe der Fußgängerzone und einem »Sigi-

Sommer-Platz« geehrt hat, also seinerzeit für die Ewigkeit festgehalten. Und seien Sie versichert: Nach unzähligen Feldversuchen wusste der Sigi recht gut, worüber er da schrieb …

Und heute? Es mag sich »des Gwand« geändert haben – also die Kleidung des Stenz –, und vielleicht steckt sich heute auch keiner mehr eine Zigarette hinters Ohr. Der Stenz wird sein Jagdrevier außerdem vermutlich nicht auf Dienstmädchen beschränken und mit Sicherheit keine Liebesbriefe schreiben, denn es gibt heute ja SMS und WhatsApp. Dennoch gibt es den Stenz noch, und zwar in allen Gesellschaftsschichten. Er kann Bäcker sein oder Wirtschaftsprofessor, Türsteher, Lehrer oder … klar, auch das: Sänger und Schauspieler.

Ich war früher sicher kein Kind von Traurigkeit. Und auch heute noch sitze ich gerne im Café und schaue den Frauen nach, wie sie da vorbeischweben, hauchzart wie Schmetterlinge … Hier zwei üppig ausgestattete Golden Girls, dort ein barockes Rubensfräulein, das sich perfekt in die Hügellandschaft des Voralpenlandes einpasst. Oft weißt du gar nicht, wohin du deinen Blick zuerst lenken sollst bei dieser diskreten Geländeerkundung. Manchmal denke ich an früher, an meine ausschweifenden Jahre, an das Leben auf der Überholspur. Dann regt er sich kurz, der Stenz in mir; dann köchelt das alte Jagdfieber hoch, wenn auch auf kleiner Flamme.

Doch der Stenz in mir beruhigt sich auch schnell wieder. Denn er weiß, was für eine wunderbare Frau er da zu Hause hat. Und er weiß auch genau, dass die Erinnerungen oft schöner sind als das, was wirklich war. Vor allem weiß er, dass er seine Frau niemals verlieren möchte.

## Indianerhochzeit

Es war 1994, als ich Djamila geheiratet habe. Sie ist Moslem, ich bin Bayer – dass da nicht alles nach Plan verlaufen ist, dürfte Sie sicher nicht überraschen.

Meine Mutter konnte nicht damit umgehen, dass Djamila nicht von hier war; und deren Vater hatte es sich partout in den Kopf gesetzt, dass es doch eine feine Sache wäre, wenn sein Schwiegersohn mal eben zum Islam konvertieren würde.

Eine interfamiliäre Einigung – ich will das mal so zurückhaltend formulieren – ließ sich beim besten Willen nicht erzielen. Also wählten wir einen ganz anderen Weg. Da wir schon damals gerne in Amerika waren und ich da drüben einige Leute kenne – darunter auch echte Cowboys und Indianer –, entschieden wir uns, nach einem strengen Ritual der Oglala Sioux in South Dakota zu heiraten.

Dieses Ritual erfolgte in drei Schritten. Erst mussten wir mit dem Elder (einem indianischen Geistlichen) und dem Medicin Man eineinhalb Stunden in eine Schwitzhütte; dann folgte die Trauung durch den Elder und schließlich eine Namenszeremonie, die mir den schneidigen Namen »Wi Cha Pi Wi Cha Sa« einbrachte; das bedeutet »der Mann der Sterne«. Der Stammesälteste hat diesen Namen ausgewählt, nachdem er meine Hochzeitsgäste gefragt hatte, wer ich sei, was ich tun würde und ob man mich mögen würde. Als er erfahren hatte, dass ich ein nicht ganz unbekannter Schauspieler bin, gab er mir diesen Namen, da ich seiner Meinung nach von den Sternen begünstigt sei.

Um es kurz zu machen: Was meine Frau betrifft, bin ich das wirklich: von den Sternen begünstigt. Sie ist wundervoll, ich liebe sie, möchte niemals eine andere an meiner Seite – und sage trotzdem:

Kein Bayer ist grundsätzlich immun gegen das fiebrige Gefühl des Jagens; alles andere wäre gelogen. Da scheint es so etwas zu geben wie ein Stenz-Gen, das dem weiß-blauen Genpool beigemengt ist wie die Hefe dem Bier. Je nachdem, wie dominant dieses Gen ausgeprägt ist, fällt auch die Intensität der Stanz aus, also das Sich-auf-Freiers-Füße-begeben: Da gibt es »weniger stark« oder »stark«; dass die Stanz gar nicht eintritt, geschieht so gut wie nie.

Gut für den Bayern und sein Selbstverständnis ist übrigens, dass er recht gut Bescheid weiß über die Unumkehrbarkeit seiner Rastlosigkeit und demnach geneigt ist, ihre Folgen zu verzeihen. Bei einem verheirateten Franz Beckenbauer zum Beispiel hat man bei seiner exzessiv ausgelebten Vorliebe für blonde Sachbearbeiterinnen gerne ein Auge zugedrückt – was nichts damit zu hatte, dass er als »Kaiser« einen wie auch immer gearteten Freibrief zum Fremdgehen gehabt hätte. Und auch der derzeitige bayerische Ministerpräsident Horst Seehofer kann sein Amt mit Würde bekleiden, obwohl er das mit der ehelichen Treue nicht ganz so genau genommen hat.

Irgendwo habe ich einmal gelesen, dass rund die Hälfte aller bayerischen Frauen einen Seitensprung ihrer Männer verzeihen würde. Darüber kann man so oder so denken, aber es weist darauf hin, dass das, was anderswo vermutlich für almrauschiges Bauerntheater gehalten und entsprechend geahndet wird, in Bayern gelebter, bisweilen sogar geliebter Alltag ist. Und zu dem gehört der umtriebige Stenz nun mal dazu.

Damit Sie sich als Frau ein bisschen zurechtfinden bei Ihrem Aufenthalt im Freistaat, ist hier eine kurze Beschreibung der zwei Unterarten des Stenz, auf die Sie treffen könnten:

– *Der »Hallodri«* ist meist noch jung, ein bisschen leichtsinnig, aber eigentlich harmlos und mit charmant getrimmtem Siegerlächeln ausgestattet. Wenn Sie sich bewusstmachen, dass die Moralvorstellung der Treue bei ihm nicht hundertprozentig ausgeprägt ist, geht von ihm keine wirkliche Gefahr aus.

– *Der »Bazi«* ist – wohlwollend ausgedrückt – eine Art Tausendsassa, ein Hansdampf in allen Gassen, der es allerdings nicht zwangsläufig gut mit Ihnen meinen muss. Obwohl er Ihnen mit Dackelblick einen Ster Süßholz vor die Tür stellt, kann er ein richtiger Lump sein. Also Vorsicht beim Umgang mit dieser Stenz-Gattung – er birgt die Risiken seelischer Verletzungen!

So weit, so gut. Wir wissen jetzt also, dass nicht nur »der Schwarze« in Afrika gerne »schnackselt«, also Sex hat, wie es Fürstin Gloria von Thurn und Taxis vor einigen Jahren ein bisschen unüberlegt und irritierend analysiert hat.

Auch der Bayer ist dem Beischlaf zugetan – wobei es im Allgemeinen nur eine untergeordnete Rolle spielt, ob er verheiratet ist, eine Lebensgefährtin hat oder »aloa«, also allein, als einsamer Wolf durch die Gegend streicht.

Doch wie schaut's aus mit den Bayerinnen? Wie halten sie es eigentlich mit dem, was hinter weiß-blauen Schlafzimmergardinen geschieht?

Die Antwort darauf ist gar nicht so einfach. Der eigene Erfahrungsschatz taugt dazu nur bedingt, meine etwas wildere Zeit liegt bereits viele Jahre zurück. Und natürlich muss ich auch ein bisschen aufpassen, nicht bis zum Boden des eigenen Nähkästchens zu buddeln – immerhin bin ich ja verheiratet. Glücklich verheiratet, wohlgemerkt – was ich bereits erwähnt habe und was auch so bleiben soll.

Also habe ich mich mal bei Freunden umgehört und ein bisschen in Umfrageergebnissen nachgelesen, die ja in Frauenzeitschriften ihren festen Platz haben. Was dabei herausgekommen ist, war Pi mal Daumen Folgendes:

Für Frauen in Bayern scheint der Sex – erst einmal, das ist entscheidend – gar nicht besonders wichtig zu sein. Rund die Hälfte der Bayerinnen sagt immerhin, dass sie keinen regelmäßigen Sex hat!

Moment mal: Der Bayer mag Sex, so viel wissen wir – die Bayerin dagegen scheint nicht vollends davon überzeugt. Was, bitte, heißt das jetzt für den Bavarian Lover? Sind seine Qualitäten als Liebhaber vielleicht gar nicht so herausragend, wie er meint? Oder ist die bayerische Frau einfach mit limitierter Libido gestraft?

Natürlich nicht, diesen Macho-Gedanken legen Sie bitte ganz schnell beiseite. Die Bayerin – das belegen sowohl eigene bescheidene Erfahrungen als auch die erwähnten Umfrageergebnisse – ist immer dann am amourösen Stelldichein interessiert, wenn die Rahmenbedingungen stimmen; sie ist also ein bisschen wählerisch, was das »Wie« betrifft und vielleicht auch das »Wo«. Es muss nicht immer das eigene Schlafzimmer mit dem Holzkreuz über dem Himmelbett sein, findet sie. Es dürfen ab und zu gerne lustunterstützende Utensilien zum Einsatz kommen. Es darf ruhig auch mal etwas Neues ausprobiert werden, auch wenn dabei nicht zwangsläufig das komplette Mobiliar zu Bruch gehen muss.

Wird das alles wenigstens teilweise beherzigt, entfacht die bayerische Frau ihr Liebesfeuer. Im Umkehrschluss: Lodert es nicht, stellt sich die Frage nach den erotischen Kompetenzen des Bavarian Lovers.

Lassen Sie mich einmal eine recht gewagte Theorie dazu anbringen, mit der ich sicher anecke und die unter Umständen sogar dazu führen könnte, dass ich im Wirtshaus um die Ecke nicht mehr ganz so gerne gesehen bin. Aber loswerden wollte ich das schon immer einmal. Meine Theorie sieht so aus: Irgendwo tief in seinem Innersten weiß der Bayer – vielleicht spürt er's auch nur –, dass er kein Casanova ist und auch kein Latin Lover. Vielmehr ist er ein Pragmatiker, dem durchaus bewusst ist, auf den Bettlaken nichts Gottgleiches vollbringen zu können. Bevor nun die Frau diesen Mangel bemerkt, denkt der Stenz, macht er sich lieber auf und davon. Dass er diesen Entschluss manchmal etwas zu spät fasst, mag den horizontalen Hangover mancher Bayerin erklären. Dass er ihn jedoch grundsätzlich fasst, ist für mich eine Tatsache, die sich auch begründen lässt. Denn hinter diesem Verhalten steckt der tief im Bayern verwurzelte Glaube, sich niemals ändern zu können. Er bleibt das, was er ist – auch auf der Matratze. In diesem Selbstverständnis ist er verankert – und ich sage bewusst: verankert, nicht gefangen. Denn der Bayer fühlt sich wohl und sicher in diesem Zustand. Es könnte ja sein, denkt der Bayer nämlich, dass er sich verändert und verbiegt, er also in seinen Augen zum Superlover wird – und die Frauen trotzdem nicht zufrieden sind. Diese Möglichkeit des ungerechtfertigten Scheiterns schließt der Bayer in seine Überlegungen ein. Er weiß zwar nicht, ob es so kommt, aber möglich wär's immerhin. Der Bayer argumentiert generell gerne auf der Basis einer Annahme und nicht mittels des Wissens, über das er verfügt: »Kunt scho sei ...« – es könnte durchaus sein; »meglich was scho ...« – ja, möglich wäre es. Für den Bayern ist die Welt ein einziger Konjunktiv. Verschiedene Eventualitäten, die das Leben mit sich bringt, zieht er als Entscheidungsgrundlage heran. Prognostiziert er für sich einen negativen Ausgang, eine Schwäche, die sich ohnehin nicht beheben lässt, wird er schnell versuchen, die Situation entsprechend zu gestalten. In Frauenangelegenheiten heißt das dann meist: Er macht einen schlanken Fuß – und weg ist er.

# IV.

## Tracht & Brauch

### Loden und Lederhosen

Das Anlegen von traditionellen Bekleidungsutensilien ist in Bayern Usus. Tracht schützt, hält warm, sieht gut aus und – das vor allem – drückt heimatliche Verbundenheit aus. Wer also etwas auf sich hält, trägt Tracht. Und das scheinen erst einmal viele zu sein.

Egal wie alt und egal in welcher Gesellschaftsschicht: Überall wird unverblümt kokettiert mit der Tracht und der heilen Welt, aus der sie zu stammen scheint; eine kernige, ländliche Welt, voller Brauchtum und Burschen, die stramme Waden haben, und Madln mit ordentlich Holz vor der Hütte.

Tracht kommt sicher von einer uralten Tradition, meinen Sie vielleicht. Allein sind Sie damit nicht, denn die meisten Auswärtigen, ja sogar manche Bayern, sind der Ansicht, dass es sich bei Lederhose und Dirndl – also gewissermaßen bei den beiden Grundinsignien bayerischer Textilkultur – um jahrhundertealte Traditionskleidung handelt. Doch das stimmt gar nicht. Die bayerische Tracht ist vergleichsweise jung und nicht entstanden, weil sie jemals nützlich gewesen wäre im Arbeitsleben, sondern weil es die Mode und kluge Marketingstrategen so wollten.

Nehmen wir zum Beispiel das Dirndl. Das gibt es erst seit Ende des 19. Jahrhunderts. Und das Dirndl war nicht – wie viele glauben – die ursprüngliche Kleidung einer Magd; vielmehr ist das Dirndl in den großen Städten entstanden – und zwar, um ein Klischee zu bedienen: Damals träumten die Stadtfrauen (fast so wie heute wieder) vom vermeintlich schönen Landleben, das sich für sie so frei anfühlte, so natürlich und unbeschwert. Sie wollten so leben wie die Menschen auf dem Land, und entsprechend wollten sie sich auch anziehen, wenn sie an den Wochenenden raus ins Grüne fuhren. Allein zu diesem Zweck wurde das Dirndl erfunden – ein schlichtes Sommerkleid, mit dem Frau sich ländlich fühlen konnte, mit dem sie schwelgen konnte in der Idylle vor den Toren der Stadt. Mit echter Mägdekleidung hatte das Dirndl niemals etwas zu tun.

Und bei den Männern? Wie schaut's aus mit ihrer Tracht? Nun, wie das Dirndl entsprachen auch Lederhose, Lodenjacke und Hut zu keiner Zeit bäuerlicher Arbeitskleidung. Vielmehr war dieses wilde, schneidige Gewand seit Mitte des 19. Jahrhunderts die Kleidung der Jäger. In Ordnung, denken Sie jetzt, das hat wenigstens etwas mit Natur zu tun oder mit Outdoor, wie man heute sagen würde. Das stimmt zwar, macht dieses Outfit aber dennoch nicht zur Kleidung des breiten Volkes. Denn damals war die Jagd noch an den Adelsstand gebunden und die Lederhose ein teures, exklusives Kleidungsstück der herrschaftlichen Jäger. Dass sie –

wie die gesamte bayerische Tracht – dennoch zum heiß-geliebten Massenartikel geworden ist, verdankt sie nicht zuletzt der Politik und deren Strategen. Und das kam so:

Weil die damaligen royalen Oberhäupter in Bayern und Österreich der teils recht aufgeklärten liberalen Stadtbevölkerung misstrauten, suchten sie Rückhalt auf dem Land und entwickelten ein auffälliges Interesse für die bäuerliche Kultur. Der bayerische König Maximilian II. und auch der österreichische Kaiser schmissen sich so richtig ran an die Landbevölkerung. Sie verpassten sich ein volkstümliches Image, kleideten sich immer öfter in Tracht und legten ihrem Hofstaat nahe, dies ebenfalls zu tun. 1848 schrieb Maximilian II. sich schließlich als Erster per Erlass die Förderung der ländlichen Kleidung auf die Fahnen: Mit der Verbreitung der Trachten wollten die Wittelsbacher »zur Hebung des bayerischen Nationalgefühls« beitragen. Bei wem sich dieses Gefühl nicht von allein einstellen wollte, sagt man übrigens, dem habe der König sogar Geld dafür gezahlt, wenn er Tracht trug.

Ob nun gegen Bezahlung, aus Überzeugung oder einfach, weil sie gefiel, immer mehr Menschen trugen Tracht. Sie wurde zum Must-have für die breite Bevölkerung – und damit auch zum Wirtschaftszweig, etwa für findige Schneider oder für den Fremdenverkehr. Man könnte also durchaus sagen, dass die Wittelsbacher die Tracht quasi mit erfunden haben. Sie haben ein Nationalgewand kreiert und gefördert, das zum Symbol für Bayern geworden ist. Und die Trachten boomen bis heute. Perfektes Marketing, würde ich sagen.

Bei mir setzte der Boom übrigens ein, als ich in der sechsten Klasse war. Zu dieser Zeit fiel mir auf, dass die Mädels auf Lederhosen zu stehen schienen – also musste so eine Buxe her. Jetzt war es so, dass meine Mama jeden Monat einmal mit dem Bus nach München reingefahren ist – wir wohnten damals im Vorort Ottobrunn –, und da bin ich eben einmal mitgefahren. Wir sind dann sofort ins Kaufhaus und dort in die Trachtenabteilung. Das erste Gefühl beim Hautkontakt mit einer Lederhose war … nun ja … merkwürdig. Rau fühlte sie sich an, und schwer war sie auch. Dennoch: So eine Hose musste sein, ich wollte ja punkten bei den Mädels. Bei einem hübschen Chiemgauer Modell hat Mama schließlich ihren Segen gegeben, und wir fuhren zurück nach Hause.

Am kommenden Montag hatte ich meine neue Kniebundlederhose das erste Mal in der Schule an, leicht modifiziert allerdings. Die Hosenträger habe ich gleich abgemacht, stattdessen trug ich einen Cowboygürtel, den mir mein Papa aus Amerika mitgebracht hatte. Dazu kramte ich ein blütenweißes »Fruit of the Loom«-Shirt aus dem Schrank, weil ich fand, dass mich das in eine gewisse textile Nähe zu James Dean rücken würde. Und unten? »Converse All Star-Tennisschuhe, eierschalenfarben mit roten und blauen Streifen. Diese bayerisch-amerikanische Kombination rangiert unter heutigen traditionserhaltenden Gesichtspunkten in der Nähe der Brauchtumsblasphemie. Doch damals fand ich mein Outfit einfach nur cool – und ich glaube mich daran zu erinnern, dass sich einige Mädchen einer ähnlichen Formulierung bedienten.

Natürlich – das wird an meinem Beispiel recht deutlich – wurde die Tracht immer wieder instrumentalisiert, missbraucht oder ins Absurde verkehrt. Schauspielerinnen trugen sie zum Beispiel in den kitschigen Heimatfilmen der 50er und 60er Jahre, ebenso die Hostessen der Olympischen Spiele 1972, um den ausländischen Gästen das Bild des urig-liebenswerten Münchner Gastgebers in den Kopf zu pflanzen. Bayerische Politiker sind ohne Tracht kaum vorstellbar, ebenso wenig wie die Fußballer der Münchner Bayern, die jede neue Meisterschaft des FCB in Loden und Lederhose feiern (ganz unabhängig davon, dass vielleicht noch maximal eine Handvoll Spieler aus Bayern kommt).

Die Tracht scheint also ein kuscheliges Wir-Gefühl zu erzeugen, ein – wenn man so will – Stoff gewordenes »Mia san mia«, das verbindet, zusammenschweißt, Gemeinschaft erzeugt.

Dazu sollten Sie zwei Dinge unbedingt wissen:

1) Ja, es stimmt, die Tracht kann Sie zu Gleichen unter Gleichen machen. Natürlich nur, wenn Sie über Tracht Bescheid wissen und in Verbindung mit einigen anderen Ausstattungen, über die wir noch sprechen müssen.

2) Das, was »landestypische Kleidung« ist, wird freilich viel zu oft missverstanden – und das führt zu schrecklichen Entgleisungen. Im Laufe der letzten Jahre ist die Tracht vielerorts zum schrägen Abziehbild ihrer selbst geworden. Ob in Biergärten, auf Waldfesten, in der Münchner Innenstadt oder – da ist's besonders

schlimm – auf der Wiesn: Immer mehr Touristen stürzen sich in abenteuerlichen Trachtenimitationen ins bajuwarische Leben. Ein T-Shirt mit aufgedruckten Spaghetti-Hosenträgern oder ein neongrünes Acryl-Dirndl für 19,95 Euro läuft einem ebenso oft über den Weg wie eine »Lederhose« aus Plastik oder ein lächerlicher Kasperlhut mit ellenlanger, keck wippender Pfauenfeder. Lauter Scheußlichkeiten eben, meist Made in Fernost, echte Ramschware.

Wissen Sie, was das Schlimmste daran ist? Sich solche Gaudi-Gewänder zuzulegen ist viel einfacher als gedacht. Überall werden sie einem geradezu nachgeschmissen: flächendeckend in Schnäppchenläden, in Outlets mit Discount-Produkten, sogar im Internet, wo der Kram in oft grässlichen Formen und Farben in die ganze Welt verschickt wird.

Der bayerische Betrachter dieses Treibens wendet sich mit Grausen ab.

Deswegen möchte ich Ihnen ans Herz legen, sich nicht einzureihen in diese depperte Faschingspolonaise aus Phantasietracht und Spaßgesellschaftsgewand. Die Tracht ist kein Kostüm, die Tracht ist ein Lebensgefühl. Und wie Sie dieses Gefühl des Dazugehörens schaffen und spüren können, das zeige ich Ihnen jetzt.

# Wie sich ein Bayer anzieht

## Grundsätzliches

- Tracht hat nichts zu tun mit der sogenannten Landhausmode. Diese bedruckten, oft mit Silberschnallen verzierten Kartoffelsäcke, die ihren Träger automatisch zum mittelalterlichen Hofnarren machen, gehören eigentlich verboten.
- Normalerweise besteht die Tracht bei einem männlichen Bayern aus folgenden Einzelteilen: Lederhose, Hemd, »Loferl« (zweiteilige Socken), Haferlschuhe, Janker, Filzhut und eventuell Accessoires.
- Der Bayer experimentiert nicht mit seiner Tracht. Alles hat seinen Platz und wird auf bestimmte Art und Weise getragen. Belehrungen von außen in dieser Hinsicht sind absolut unerwünscht.
- Ein Bayer ist grundsätzlich temperaturkompatibel. Trotzdem hält er sich ungern in extremer Hitze oder Kälte auf und wird sein Unwohlsein durch Unmutsäußerungen (»Zefix, is des hoas!« bzw. »Sakrisch koit!«) kundtun. Allerdings hält die alpenländische Tracht jeder Witterung stand – die Kombination aus wasserfester Outdoor-Bekleidung und bayerischer Tracht ist also weder notwendig noch schicklich.
- Für Männer wie Frauen gilt: Kaufen Sie Ihre Tracht im Lodenfachgeschäft, nicht im Ramschladen hinterm Hauptbahnhof.

## Die Bestandteile der Männertracht

**A.** Die Herstellung einer **Lederhose**, die mit schönen Stickereien versehen sein sollte, kann bis zu 60 Stunden dauern. Sie besteht aus Ziegen-, Rinds- oder (ziemlich teurem) Hirschleder. Die Hosen gibt es in den Ausführungsvarianten kurz (»Krachlederne«), halblang (Kniebundhose) oder ganz lang. Bei der Krachledernen handelt es sich um eine Hose, die knapp oberhalb des Knies endet. Sie ist besonders für Männer geeignet, die ein Paar stramme Waden vorweisen können. Die Kniebundhose ist eine halblange Hose, die knapp unterhalb des Knies einen Bund hat. Sie eignet sich vor allem für Männer mit eher schmalen Beinen. Auf eine lange Lederhose sollten Sie am besten verzichten. Ein Mann sollte zeigen, was er hat – und seien es die dünnsten Storchenbeine.

Welche Variante auch immer Sie wählen: Die Hose muss eng sitzen. Da sie sich durch die Körperwärme ohnehin weitet, sollten Sie die Hose also knapp kaufen. Wichtig dabei ist die sogenannte »Brotzeitfalte«, eine rund fünf Zentimeter breite, abgenähte Falte, die als Spielraum dient, um Platz zu lassen für Bier und Essen.

Hochwertig verarbeitete Lederhosen sind teuer – die Preise gehen in die Tausende –, halten jedoch trotz häufiger Benutzung sehr lange. In der Regel werden sie in Bayern weitervererbt. Die Hosen sollten freilich nicht in feuchten Räumen oder Plastiktüten aufbewahrt werden – das kann Schimmel erzeugen. Besser: Lagerung bei normaler Raumtemperatur, zusammengelegt (nicht aufgehängt) im Kleiderschrank.

Wichtig: Eine Lederhose muss »leben«. Das heißt: Man sieht ihr an, dass sie schon oft und lange getragen wurde. Staub auf der Hosenoberfläche kann mit einer Kreppbürste oder einem Krepptuch entfernt werden. Flecken oder Schrammen sind hingegen kein Problem. Falls Sie gröberen Schmutz dennoch entfernen wollen, verwenden Sie nur sanfte Lederspezialwaschmittel. Falls Sie – aus welchen Gründen auch immer – auf die Idee kommen sollten, Ihre Lederhose zu bügeln: nur bei Wolltemperatur auf der Innenseite und mit Hilfe eines Bügeltuchs.

Ob Sie eine Lederhose mit oder ohne Hosenträger tragen, bleibt Ihnen überlassen. Beides passt. Nur die Träger runterhängen lassen sollten Sie nicht – da schäumt der Bayer schnell über.

**B.** Der **Haferlschuh** ist der traditionelle Schuh zur Lederhose. Dabei handelt es sich um bequemes Fußwerk mit seitlicher Schnürung. Ursprünglich wurde er aus nur einem Stück Leder gefertigt und bekam seinen Namen, da seine spezielle Form an ein »Haferl« (eine große Tasse) erinnert. Zur größten Not – dann allerdings schon mit einem gewissen Maß an Bauchschmerzen – können Sie auch einen Bergschuh tragen. Alle anderen Schuhmodelle stempeln Sie zum Pseudotrachtler ab.

**C. Kniestrümpfe** oder »**Loferl**« – zwischen diesen beiden Ausstattungsvarianten können Sie wählen. Kniestrümpfe, am besten in Natur oder Weiß, sehen gut aus, wenn Sie stramme Waden haben. Um eventuell zu schmal geratene

Waden ein bisschen stattlicher erscheinen zu lassen, trägt der Bayer bevorzugt zweigeteilte Strümpfe, sogenannte »Loferl«. Diese bestehen aus einem Waden- und einem Fußteil. Dazwischen: nackte Haut.

»Loferl« werden nur an den Waden getragen, meist zusammen mit den passenden, nur bis unter den Knöchel reichenden Socken. Das wollene Wadenkleid sollte 10 bis 15 Zentimeter lang sein. Es gehört unter das Knie, auf Höhe des kräftigsten Teils der Wade. Traditionell sind sie selbst gestrickt und passen in Muster und Farbe zum Rest der Tracht.

**D.** Das **Hemd** sollte ein klassisches weißes Trachtenhemd mit Biesen und Hirschhornknöpfen sein. Möglich ist auch ein Hemd mit Vichy-Karo. Alles andere – beispielsweise T-Shirts und Feinripp-Unterhemden – sind für den Bayern schwer erträgliche optische Eindrücke, die entsprechend harsch kommentiert werden.

**E.** Für kühlere Tage bietet sich ein **Janker** an. Diese Jacke aus gewalkter Schafswolle ist gerade geschnitten und hüft-lang. Eine etwas jüngere Variante ist eine Trachtenstrick-jacke, die ein schönes, aber nicht zu auffälliges Muster ha-ben sollte. Farblich muss die Jacke zum Rest des Gewands passen.

**F.** Die Krempe eines **Filzhutes**, manchmal getragen mit stolzem Gamsbart, schützt den Kopf, Gesicht und Nacken vor zu viel Sonneneinstrahlung, Regen oder Schnee. Der

Gamsbart demonstriert Macht und Ansehen des Trägers. Übertreiben Sie damit nicht: Jede Machtdemonstration ist gegebenenfalls unter Beweis zu stellen …

**G.** Das urigste aller Trachten-Accessoires ist das **Charivari** (ausgesprochen: »Schariwari«). Dabei handelt es sich um eine Schmuckkette – am Latz der Lederhose getragen, an ihren Hornknöpfen befestigt und meist aus massivem Silber –, an der verschiedene Symbole wie Edelsteine, Geldstücke, Zähne von Tieren oder Dachsbärte angebracht sind. Die Bezeichnung kommt aus dem Lateinischen und bedeutet so viel wie »Verrücktheit« oder »Durcheinander«. Die Länge des Trachtenschmucks ist bei Männern mit 33 Zentimetern festgelegt. Über die Herkunft wird gestritten; naheliegend scheint, dass es sich beim Charivari um eine ehemalige, an der Trachtenweste befestigte Uhrenkette handelt, die im Laufe der Zeit mit Trophäen ausgestattet wurde. Seither werden die bestückten Silberketten primär als Schmuck oder Talisman für eine erfolgreiche Jagd getragen. Der Bajuware unterstreicht mit diesem Schmuckstück Stolz und Manneskraft. Laut Brauchtum darf ein Charivari nicht gekauft werden – er wird von einer Generation zur nächsten vererbt.

**H.** Erhältlich ist Trachtenzubehör bei den verschiedensten Herstellern. Allerdings gibt es hier erhebliche Unterschiede in Bezug auf Qualität und Authentizität. Sollten Sie kein Gespür für Mode haben, verzichten Sie idealerweise auf den alleinigen Einkauf. Im Falle eines Fehlgriffs könnten

Sie andernfalls ein klein wenig verkleidet aussehen. Oder Sie verlieren mit dem bunten Motiv-Halstuch und dem Kitsch-Charivari mit pinken König-Ludwig-Applikationen ein spürbares Maß an Maskulinität ... Ich spreche da aus Erfahrung. Überlassen Sie die Sache mit den Accessoires lieber den Frauen!

## Wie sich eine Bayerin anzieht

Auch die weiblichen Bewohner Bayerns tragen Tracht. In der Regel ist das ein Dirndl, das nicht zu verwechseln ist mit dem »Deandl«, wie man in Bayern ein Mädchen nennt. Die Anlässe, in ein Dirndl zu schlüpfen, sind weitestgehend identisch mit denen männlicher Bayern.

### Die Bestandteile der Frauentracht

*A*. Das **Dirndl** fungiert aufgrund seines taillierten Schnitts als absoluter Figurschmeichler. Es kaschiert das eine oder andere Pölsterchen an den richtigen Stellen und zaubert wunderbare Rundungen an anderen. Dirndl gibt es in hochgeschlossenen und tief dekolletierten Varianten. Letztere werden nicht nur von männlichen Bayern eindeutig präferiert.

Da sich nicht alle Frauen in Dirndln wohlfühlen, werden auch Lederhosen für Frauen angeboten. Dazu müssen Sie jedoch wissen: Eine echte Bayerin würde niemals eine Lederhose tragen.

**B. Dirndl-Röcke**, über denen die Schürze getragen wird, gibt es in drei unterschiedlichen Längen: kurz, mittellang und lang. Bei letzterer Variante gilt die Faustregel: Zwischen dem Boden und dem unteren Rocksaum des Dirndls sollte ein Maßkrug passen. Freude empfindet die Bayerin allerdings momentan besonders bei mittellangen Modellen. Hier endet der Rock entweder rund zehn Zentimeter oberhalb des Knies oder kurz darunter. Wenn es kühler wird, trägt die Bayerin gerne einen Unterrock unter dem Dirndl.

Dirndl – zumindest die klassischen – sind deutlich pflegeleichter als Lederhosen. Sie können problemlos bei 30 Grad in der Waschmaschine gewaschen werden.

**C.** Das Binden der **Schürzenschleife** folgt einem System, das Aufschluss gibt über das Kontaktverhalten der Bayerin: Trägt sie die Schleife auf der linken Seite, ist sie Single und dürfte einem eleganten Flirt nicht abgeneigt sein. Befindet sich die Schleife jedoch auf der rechten Seite, bedeutet dies: Die Trägerin ist in festen Händen – von Balzgebaren ist in diesem Fall abzuraten. Wird die Schleife im Rücken gebunden, ist die Trägerin Witwe. Hier sollte das Maß der Anbandelintensität der von der Bayerin signalisierten Kontaktfreude angepasst werden.

**D.** Das **Mieder**, das bei Dirndln zum Einsatz kommt, die nicht aus einem Stück geschneidert sind, sitzt eng – knalleng, um es genau zu sagen. Keine Angst, nach der ersten Maß haben Sie sich daran gewöhnt. Und dann genießen Sie die anerkennenden Blicke.

**E.** Besonders in Bezug auf die Länge unterscheidet sich eine **Dirndlbluse** von herkömmlichen Blusen – sie endet bereits unterhalb der Brust. Weitere Besonderheiten sind Puffärmel und viele unterschiedliche Kragenvariationen. Dieses Zubehör soll klar zum Ausdruck bringen, was die Bayerin zu bieten hat: Deswegen kann der oberste Knopf der Bluse offen gelassen, der Stoff umgeklappt und von oben in den BH gesteckt werden.

Trotz der Wärme – zum Beispiel in Bierzelten – behält man die Bluse grundsätzlich an. Ansonsten outen Sie sich als Fremde.

**F.** Für das Dirndl-Dekolleté sorgt nicht nur die Bluse. Ein weiteres erotikförderndes Zubehörteil ist die **Wäsche**. Hier ist zu beachten: BH-Träger dürfen nicht aus der Bluse blitzen, es bieten sich also etwa trägerlose BHs an. Aus Erfahrung empfohlen werden kann ein weißer, doppelter Push-up-BH.

**G.** Das **Schuhwerk** sollte nicht zu leger gewählt sein. Grundsätzlich inkompatibel zur bayerischen Tracht sind Turnschuhe, Sneakers, High Heels oder Sandalen. Weiße Stiefeletten mit Nieten ziehen Sie nur dann an, wenn Sie vorhaben, Ihr Geld im Rotlichtmilieu zu verdienen. Am besten greifen Sie zu traditionellen Haferlschuhen. Alternativ vertretbar sind flache, halboffene Schuhe wie feminine Ballerinas oder flache Pumps mit kleinem Absatz. Die Bayerin trägt ihre Schuhe übrigens niemals ohne Strümpfe. Am besten passen hier Trachtenstrümpfe in Häkeloptik.

*H.* Als das Gesamtbild hübsch ergänzende *Accessoire* kann Folgendes verwendet werden: ein Tuch, das locker um die Schulter gebunden wird, oder auffällige Halsketten, die im Dekolleté aufliegen. Mittlerweile tragen auch Bayerinnen das bereits erwähnte Charivari, das sie auf Höhe des Hüftschurzes befestigen. Allerdings fällt der Trachtenschmuck filigraner aus als bei den Männern.

Oft schmückt die Bayerin ihren Ausschnitt mit Geranien. Da diese Blume eine typische Balkonpflanze in Bayern ist, spricht man in diesem Zusammenhang oft von der »Balkonbepflanzung«. Des Weiteren trägt Frau bisweilen das sogenannte Kropfband – ein schmales Seidenband, das eng am Hals anliegt, an dem oft noch ein Schmuckstück wie eine Münze, Perlen oder ein Anhänger befestigt ist.

## Brauchtum

Wenn Sie nach der bisherigen Lektüre dieses Büchleins einmal kurz innehalten und in sich hineinblicken, welches Bild vom Bayern finden Sie dann? Nun, wohl eines, das dem eines recht wilden, aber dennoch stereotypen Naturvolks nahekommt. Die weiblichen Vertreterinnen haben ansprechend arrangiertes Holz vor den Hütten und tragen die hübschen Namen Christl oder Maria. Die Mannsbilder in ihrer Krachledernen heißen grundsätzlich Sepp und genehmigen sich bereits am Vormittag das erste Bier – immerhin heißt es ja Frühschoppen …

Doch was tun Christl, Maria und Sepp eigentlich, wenn

sie keine Tracht tragen, sich nicht gegenseitig in Herzensangelegenheiten verwirren oder sich dem Grant hingeben? In solchen Momenten widmen sie sich mit flammender Vorliebe ihren vielen Brauchtümern und Traditionen.

Tradition und Brauchtum also … Jetzt sehen Sie vielleicht einen Dorfplatz, festlich geschmückt mit kostbar bestickten Fahnen. Eine fesche Musikkapelle spielt, Böller werden geschossen, dann beginnen Maria, Christl und Sepp zu tanzen; Sie sehen, wie sich ihre Füße drehen auf dem Tanzboden aus Fichtenholz, Sie hören sie jauchzen, und eventuell hat der Sepp, dieser braungebrannte Naturbursche, sogar eine Peitsche in der Hand, die er knallen lässt.

Rundherum bierseliges Schunkeln, schaumige Hauben auf gut gefüllten Maßkrügen, natürlich ist der Herr Pfarrer auch dabei. Und während die Sonne diese Szenerie in warmem Licht badet, zieht darüber ein stolzer Adler majestätisch seine Bahnen, bevor er hinter einem Berggipfel verschwindet.

Dass es solche kitschigen Bilder gibt – und die halbe Welt davon ausgeht, dass Bayern sich so darstellt –, hat sich der Bayer zuallererst selbst zuzuschreiben. Angefangen hat die Mutation des Bayern zum Seppl (plötzlich gab es also dieses entlarvende l) am Ende des 19. Jahrhunderts, als in den größeren Städten die Einwohnerzahlen stiegen. In München wuchs sie von 170 000 Menschen im Jahr 1870 auf über 600 000 im Jahr 1913. Die vielen Leute wollten natürlich nicht nur arbeiten, essen und schlafen, sie wollten auch unterhalten werden. Also haben findige Amüsierexperten reagiert. Es entstanden immer mehr Theater und Varietés, immer neue mehr oder weniger begabte Volkssänger zogen durch den Freistaat.

Leider, muss man heute sagen, hatten viele meiner damaligen Künstlerkollegen nur ein einziges Thema im Repertoire: Geschichten über den dummen Seppl vom Land, der zwar einen großen Gamsbart habe, doch auch ein überschaubares Oberstübchen. In Person des Landbewohners bekam der Bayer also seinen Stempel weg: ein zwar freundliches und meist auch friedliches Wesen, aber eben auch ein schlichtes und einfältiges Gemüt.

Bezeichnenderweise ist der »Schtodara« – so nennt der Bayer die Städter auch heute noch – immer gerne aufs Land gefahren, um sich zu erholen. Ihn zieht es also von jeher ausgerechnet dorthin, wo sich die dummen Seppl herumtreiben. Heute sind es blitzblank polierte Porsche Cabrios und BMW Coupés, in denen der sonnenbebrillte Münchner nach Starnberg oder an den Tegernsee brettert; damals waren es Kutschen, Pferde oder die ersten Automobile.

Neben der schönen Landschaft – »Schaug, wia schee!« –, der Ruhe und Abgeschiedenheit begeisterten sich die gestressten Großstädter damals auch für etwas anderes: nämlich für die Lieder, die man auf dem Land sang, die Tänze und traditionellen Gepflogenheiten, die alle so urig und so herrlich naturbelassen waren.

Mein Gott, was war dieses Landleben schick. Und noch viel schicker wurde es natürlich, wenn man in ihm eintauchen, irgendwie ein Teil von ihm werden konnte. Also haben die »Schtodara« angefangen, sich ein landaffines

Gewand schneidern zu lassen (im Kapitel über die Tracht konnten Sie das nachlesen). Als immer mehr Menschen dieses Gewand haben wollten, haben sie Trachtenläden eröffnet, und das längst nicht nur in Bayern. So konnte man bereits vor 1900 in Berliner Kaufhäusern Trachten kaufen, um sich schon vor dem Urlaub im Süden entsprechend einkleiden zu können.

Mehr und mehr wurde das Landleben zum Trend. Der erste Schwung Heimatvereine wurde gegründet und bayerisches Kulturgut zunehmend in die Welt getragen.

Manch schlauer Bayer hat schon früh bemerkt, wie fantastisch seine Heimat ankommt – und dass sie noch viel fantastischer ankäme, wenn man sie in Sachen PR ein bisschen pusht. Also haben sich gewiefte Tourismusexperten über die folgenden Jahrhunderte hinweg die allergrößte Mühe gegeben, ein immer noch farbigeres, noch almrauschigeres Abziehbild von Bayern zu ersinnen. Was schließlich in den Kulturexport eingespeist wurde, war so überzeichnet und kitschig wie unrealistisch, der Himmel blauer als blau, die Traditionen fast so alt wie die Welt, die Einwohner herzensgut. Der Bayer hat es tatsächlich fertiggebracht, seine Heimat so zuzukleistern mit romantischem Geschwurbel, dass es schwerfällt herauszufinden, was noch echt ist und was stilisierter »Schmarrn«. Das Dirndl als uralte Arbeitskleidung? Der König als eloquenter, gütiger Herrscher? Die schöne Sennerin auf der Alm, die nur darauf wartet, jeden Jäger zu verführen, der des Weges kommt? Alles Mythen und Märchen.

Die Liste der pseudobayerischen Traditionen ließe sich

nahezu beliebig lang fortsetzen, sie reicht sogar hinein ins heutige Medienzeitalter. Als irgendwann das Fernsehen und die bayerischen Drehbuchschreiber erfunden wurden, gab es plötzlich jede Menge Heimatfilme und -serien mit allzu authentischen Förstern, Pfarrern und Ärzten vor idyllischer Kulisse.

Wenn Sie so wollen, trage ich sogar ein kleines bisschen Mitschuld am verkitschten Bild, das es von Bayern gibt. Schließlich habe ich als ehemaliger »Tierarzt Dr. Engel« durchaus dazu beigetragen …

Sie mögen's mir verzeihen – und vielleicht lieber einen Blick werfen auf die kleine Liste mit den wichtigsten echten bayerischen Traditionen, die ich Ihnen hier zusammengestellt habe. Also: Was ist noch echt bayerisch am bayerischen Brauchtum – und was weiß-blau getünchtes Bauerntheater?


## Das Jodeln


»Ho la diri, duliö!« Bitte was? Schon das Lesen dieser Aneinanderreihung von Buchstaben dürfte nicht ganz leichtfallen. Doch wenn Sie das Ganze auch noch singen sollen, wird's ganz verrückt. Dann jodeln Sie nämlich und geben damit diese für Außenstehende irritierenden Laute von sich, die angeblich so typisch für einen Bayern sind.

In ihrer Summe sind diese Lautsilben nichts anderes als eine Phantasiesprache. Jodeltexte können Sie von vorne lesen oder von hinten – einen Sinn ergeben sie nie. Noten gibt's dabei auch nicht. Jodeln wird oral überliefert, es wird einfach von einem Bayern zum nächsten weitergejodelt. Jodeln ist darüber hinaus höchst anspruchsvoll für die 26 Gesichtsmuskeln; besonders beim sogenannten Jodelschlag, dem Wechsel zwischen Brust- und Kopfstimme, werden sie bis zur Grimasse gefordert.

Früher diente das Jodeln der Verständigung, zwischen Waldarbeitern zum Beispiel. Oder zwischen Hirten, Köhlern und Sennerinnen nahegelegener Almen. Irgendwie musste man ja in gebirgig unwegsamen Regionen kundtun, dass es einem gutging und alles in Ordnung war.

»Holadaittijo« – geht's dir gut da drüben?

»Iohodraeho« – ja, alles klar so weit!

Nur ist es allerdings so, dass der Bayer das Jodeln nicht erfunden hat. Eine ähnliche Lautsilben-Kommunikation existiert nämlich auch bei den afrikanischen Pygmäen, im Kaukasus, in Palästina, China, Thailand und Kambodscha. Sogar im Bereich der amerikanischen Country-Musik wird gejodelt, nachdem es bereits Anfang des 19. Jahrhunderts in den Apalachen zu ersten Verbindungen zwischen alpenländischen und angloamerikanischen Traditionen gekommen war. Immerhin (das mag den hiesigen Ureinwohner trösten) kommt der aktuelle Jodel-Weltmeister aus Bayern.

Es wird also noch auf Meisterschaften gejodelt, auf Heimatabenden oder auch am Münchner Kulturreferat, wo man in der Abteilung »Volkskultur« einen entsprechenden Kurs besuchen kann. Die Kehlkopfkapriolen sind weitestgehend zum Show-Act verkommen. Seines ursprünglichen

Sinns als Kommunikationstool wurde das Jodeln jedoch entrissen – selbst der traditionsbewusste Bayer verwendet dazu heute das Handy.

## Der Maibaum

Dort, wo das schönste Mädchen wohnt, errichtete man früher den Maibaum, dieses Sinnbild bayerischer Identität. So erzählt man sich's. Und da in Bayern jede Menge Schönheiten zu Hause sind, gibt es auch viele Maibäume, von denen manche mehr als 30 Meter hoch sind.

Fragt man einen Bayern nach dem Ursprung des Maibaumbrauches, dann wird sein Gesicht wohl einen bedeutungsschwangeren Ausdruck annehmen und er versuchen, das Aufstellen des Maibaumes in einem Ort mit einem Ausflug in die Vergangenheit zu begründen. Der historisch interessierte Bayer wird von keltischen Fruchtbarkeitsritualen erzählen, von Phallussymbolen und erwachender Mannhaftigkeit im Frühling. Und da die Kelten gewissermaßen eine der Zutaten der bajuwarischen Ursuppe waren, liegt für ihn auf der Hand: Der Brauch, am 1. Mai einen Maibaum aufzustellen, ist typisch bayerisch und wahrhaft uralt.

Aufgeschrieben hat das freilich so niemand, es gibt dazu nur eine mündliche Überlieferung. Doch ob die wirklich verlässlich ist nach all der Zeit? Dem Bayern sind solche Einwände wurscht, für ihn ist wichtig, dass die Legitimation seines Brauchtums gewahrt bleibt, und die erfährt es vorwiegend durch sein langes Bestehen. Für den Bayern wird oft etwas allein schon deshalb zur Wahrheit, weil er glaubt, dass es so ist, und nicht, weil es zwangsläufig der Wahrheit entspricht. »Scho ollawei hods des gem«, sagt er aus tiefster Überzeugung, und damit ist auch die Maibaumtradition für ihn zeitlich wie inhaltlich verortet: Was es »schon immer gegeben hat«, das muss einfach Tradition sein. Ansonsten wär's ja nur Gaudi.

Freilich, die wahre Geschichte über den Maibaum geht ein klein wenig anders … oiso (also)!

Der Maibaum ist weder Made in Germanien, noch stellt er eine alpenländische Besonderheit dar. Maibäume sind auch in französischen, englischen oder skandinavischen Gegenden nachweisbar, und zwar meist nicht als Bestandteil der ländlich-bäuerlichen Gesellschaft, sondern der ritterlichen oder bürgerlich-städtischen. Abgesehen davon ist diese Tradition auch nicht so alt, wie der Bayer gerne hätte. Sie beginnt in Bayern erst im 18. Jahrhundert, richtig populär zu werden. Zu dieser Zeit griff die Zivilbevölkerung einen Brauch auf, nach dem Soldaten zur Ehrerbietung des hochgeschätzten Vorgesetzten Bäume in den Boden steckten. Ihnen taten es zuerst die Männer aus der Stadt nach, die bei ihren Herzdamen mit einem Baum als Liebesbeweis aufkreuzten, dann folgten die Söhne der Bauern. Es scheint damals derart viele liebestolle Bayern gegeben zu haben, dass sich die bayerische Administration entschloss, dem Raubbau in Wald und Flur einen Riegel vorzuschieben und das Maibaumsetzen zu verbieten. Erst im frühen 19. Jahrhundert wurde das Verbot wieder aufgehoben, und der Maibaumbrauch konnte sich zu voller Blüte entfalten.

Heute kränkelt er wieder etwas. Inzwischen sieht man den Maibaum nicht nur festlich geschmückt am 1. Mai in der Ortsmitte, sondern auch auf Parkplätzen von Bau- und Supermärkten als Werbeträger. Da kann man schon mal eine kleine Träne verdrücken.

## Das Schuhplatteln

Das Schuhplatteln ist auch so eine Tradition, ohne die Bayern kaum denkbar erscheint. Jauchzende Burschen in Lederhosen, die sich schneidig zu bestimmten Musikstücken bewegen (davon gibt es rund 100). Patsch-Klatsch-Patsch machen die Hände, wenn sie auf die Schuhsohle, lederbehoste Schenkel oder die Knie schlagen (platteln); dabei stampfen die Füße auf dem Boden.

Die hierzulande behauptete Entstehung des Schuhplattelns im Mittelalter gehört jedoch ins Reich der Mythen. Wahr ist vielmehr, dass sich das Platteln Anfang des 19. Jahrhunderts aus verschiedenen anderen Tänzen des Alpenraums zusammengebraut hat – wie genau, darüber scheiden sich wie gewohnt die Geister. So hat ein Tegernseer Mönch vor gut tausend Jahren in der Ritterdichtung »Ruodlieb« einen Tanz beschrieben, der dem Schuhplattler ziemlich nahekommt. Andere wieder, wie der Mundartdichter Karl Stieler, attestierten dem Schuhplatteln um 1875, es sei schlicht dem Balztanz des Auerhahns nachempfunden.

Seinen Namen hatte der Tanz damals allerdings noch nicht. Und eine echte Choreographie gab es ebenfalls nicht.

Vielmehr sind sie damals einfach im Dreivierteltakt des Ländlers (einem gemächlichen Walzer) mehr oder weniger durcheinandergehüpft: Männer und Frauen, einzeln oder paarweise, wobei es natürlich für die Mannsbilder schon darum gegangen ist, den anwesenden Damen durch möglichst außergewöhnliche Figuren zu imponieren.

Es ging bisweilen recht erotisch zu. Das hat dazu geführt, dass Moralapostel den Schuhplattler immer wieder als anrüchig und sittlich verderblich gegeißelt haben. 1860 sah sich sogar das Tölzer Landgericht zu einer Einschätzung gezwungen und ließ verlauten, es liege eine »erstaunlich starke Sinnlichkeit« in diesem Tanz.

Irgendwann gegen Ende des 19. Jahrhunderts hat sich das Platteln dann so entwickelt, dass vermehrt in Gruppen getanzt wurde. Als zu dieser Zeit die ersten Trachtenvereine gegründet wurden, fingen die Männer an (Frauen gab es in diesen Vereinen ja noch nicht), feststehende Choreographien für die Elemente des Tanzens und Schlagens zu entwickeln. Sie tanzten also quasi nur noch für sich, zur Selbstdarstellung, und so geriet das Ganze in nur wenigen Jahren vom Balzritual zum Burschentanz.

Heute erlebt der Schuhplattler eine gewisse Renaissance. Während es ihn vor nicht allzu langer Zeit nur noch als erbärmliche Show-Acts im »Musikantenstadl« gab, finden mittlerweile wieder mehr Bayern Gefallen an diesem Volkstanz. »Gmiatli« sei das, sagen sogar die Jungen, richtig gemütlich. Und so wird heute vor allem in bayerischen Vereinen wieder geplattelt, was die Schuhsohlen hergeben.

# Der Almabtrieb

Wenn ab Anfang Oktober kein neues Gras mehr auf den Bergwiesen wächst und den Kühen eine Gänsehaut über den Rücken läuft, weil's kühl wird in den Nächten, ziehen sie um ins Winterquartier. Rund hundert Tage ist das Vieh dann da oben gewesen, hat Weidegras gefressen und der rauen Witterung getrotzt.

Der Umzug von den Almen ins Tal, mit dem der Bayer für die gute Weidesaison danken will, ist eigentlich gar kein Umzug. Was da veranstaltet wird, gleicht eher einer feierlichen Prozession, zu der die Kühe aufgebrezelt werden wie die Victoria's Secret Models zur alljährlichen Show dieses Modelabels. Das fesche Vieh trägt aus Latschenkiefer, Almrausch und Seidenblumen geflochtenen Kopfschmuck. Voneweg schreitet die Leitkuh, die natürlich besonders geschmückt ist: mit einem Kreuz oder einer besonders großen Glocke, die böse Geister und Dämonen am Wegesrand vertreiben soll.

Wirtschaftlich sind die Kühe auf den Almwiesen heutzutage meist nicht mehr, ihr Einsatz dient in erster Linie der Landschafts- und Kulturpflege. Und dass man diese hochhält in Bayern, wissen Sie ja bereits. Dementsprechend wird der bunte Zug des Almabtriebs im Tal von Blaskapellen, Schuhplattlern oder Jodlern empfangen. Manchmal sind auch sogenannte »Goaßlschnalzer« dabei. Diese Jungs schwingen Fuhrmannpeitschen (bairisch: »Goaßl«) in speziellen Knallfolgen und Schlägen. Es kracht und knallt, dass es eine wahre Freude ist. Das rhythmische

Stakkato diente aufgrund seiner Variationsmöglichkeiten früher dazu, die verschiedenen Fuhrwerke unterscheiden zu können. Heute ist es eigentlich nur noch eine große Gaudi.

## Das Fensterln

Diesen Brauch kennen Sie wahrscheinlich aus dem einen oder anderen Heimatschinken: Da kraxeln nachts liebestolle Burschen über Leitern ans Fenster ihrer Angebeteten, was gewissermaßen das Vorspiel zu dem ist, was dann folgt, nämlich das heimliche Schäferstündchen. Zugegeben: Hübsch klingt das schon, was sich der bayerische Volksmund da seit Generationen übers Liebhaben erzählt. Aber wie viel Wahrheit steckt drin in dieser Art von Rendezvous? Ganz ungefährlich klingt es ja nicht.

Richtig ist schon einmal etwas Grundsätzliches: In bayerischen Bauernhäusern befinden sich die Schlafgemächer in den oberen Stockwerken, ebenerdige Bungalowbauweise wird man hier eher selten finden.

Sehr wahrscheinlich wusste der erwartungsfrohe Kletterer auch, hinter welchem Fenster sich das Objekt der Begierde befand. Nun musste er nur noch herausfinden, wo der jeweilige Hausherr seine Leiter aufbewahrte (denn die wollte der Fassadenkletterer ja nicht unbedingt mitschleppen). Diese wird vermutlich nicht lose an eine Hauswand gelehnt gewesen sein, sondern gut verstaut und wettergeschützt im verschlossenen Hof oder Schuppen. Immerhin sind Leitern ein wichtiges Utensil fürs Apfelpflücken oder

Ausbesserungsarbeiten auf dem Dach. An diesem Punkt keimen also erste leichte Zweifel an der Wahrheit des Fensterlns auf. Erschwerend kommt hinzu, dass es auf so einem ländlichen Anwesen durchaus andere kuscheltaugliche Plätze gegeben hat: ein Heuballen im Stall, eine sommerlich duftende Wiese hinter dem Haus. Warum also das ganze Kasperltheater mit der Leiter?

Doch gehen wir einmal davon aus, dass die Leiter durch einen glücklichen Zufall schnell gefunden wurde. Der fensterlnde Bayer hat diese also an die Hauswand unter dem vorher ermittelten Kammerlfenster gestellt und ist nun Sprosse für Sprosse nach oben gestiegen. Vollkommen lautlos natürlich. Wie hätte er sonst den Haus- und Hofhund täuschen können, der doch wohl sonst recht schnell angeschlagen hätte?

Tun wir so, als habe es unser Besucher unbemerkt nach oben ans Fenster geschafft und sich durch die kleine Öffnung in die Kammer gezwängt (die schicken Panoramafenster in Landhäusern kamen ja erst ein wenig später). Dort traf er dann also auf seine Auserwählte – und vielleicht auch auf deren Schwester oder Bruder. Denn der Platz in Bauernhäusern war rar, also teilten sich Geschwister die kleinen Zimmer oft. Ob das wirklich der perfekte Rahmen für ein Schäferstündchen gewesen sein kann? Höchstens im Lederhosen-Movie …

Selbst wenn aber der Besucher Glück hatte und die Kammer nur von der holden Maid bewohnt wurde und die Schritte des liebestollen Bayern auf den knarrenden Holzböden ungehört blieben, weil die Eltern seiner Auserwählten erschöpft von der harten Arbeit tief und fest schlummerten – selbst dann kann man sich den Akt an sich kaum vorstellen. Dieser müsste nämlich aufgrund der dünnen Wände in so einem Bauernhaus derart lautlos vollzogen worden sein, dass sicher keine rechte Freude dabei aufgekommen wäre.

Im Übrigen gibt es meines Wissens kein Gerichtsprotokoll und keine Klageschrift, die dokumentieren würden, dass ein umtriebiger Gaudi-Bursch einmal solchermaßen in flagranti erwischt worden wäre bei einer seiner Kletter-Exkursionen. Vereinzelt gegeben hat es solche Ausflüge sicher; die dörflichen Sitten damals waren streng und voreheliche Intimitäten so gerne gesehen wie »Saupreißn« am Stammtisch. Mit ein bisschen bajuwarischer Phantasie lässt sich vom Fensterln sogar eine Art Liebesbeweis ableiten, den der Bursche zu erbringen hatte, um das Herz seiner Angebeteten zu erobern. Diesen jedoch in den Bereich der Tradition einzugliedern scheint doch ein wenig weit hergeholt. Entsprechend urteilte übrigens das Amtsgericht Frankfurt am Main, welches das Fensterln in Hessen nicht als kulturelles Erbe, sondern schlichtweg als Hausfriedensbruch angesehen hat.

## Die Winterbräuche

Die bayerischen Winterbräuche sind so etwas wie ein deftiger Eintopf, für den der Bayer heidnische und christliche Bräuche zu einem schmackhaften und lange haltbaren Gericht zusammengerührt hat.

Die heidnischen Zutaten reichen zurück bis ins Jahr 800 vor Christus – also wieder bis zu den Kelten, die auffällig oft auftauchen in der bayerischen Geschichtsinterpretation. Es verwundert so gesehen auch nicht, dass es in den heidnischen Anleihen oft um Aberglauben geht, um Hexen und Dämonen und allerhand Zauberzeug, um diese im Fall ihres Auftretens zu vertreiben oder gleich von vornherein fernzuhalten. Dass diese finsteren Gestalten vorwiegend im Winter auftreten, wenn es draußen kalt und finster ist, erklärt, warum viele bayerische Bräuche genau in diese Jahreszeit fallen. Zwei von ihnen möchte ich Ihnen kurz vorstellen:

Da wären zuerst einmal die Perchten. Das sind Sagengestalten, die in den Raunächten zwischen Heiligabend und Dreikönigstag auftreten. Es gibt sie in den Persönlichkeitsvarianten »gut« (»Schönperchten«) und »böse« (»Schiachperchten« – vom bairischen »schiach« für »hässlich« oder »böse«). Beide haben denselben Auftrag: Mit furchterregenden Masken und lautem Glockengeläut sollen sie die bösen Geister des Winters vertreiben und das alte Jahr gleich mit (genau mag der Bayer sich da nicht festlegen).

Eine andere Strategie verfolgen die sogenannten Klausen, die sich beim »Krampuslauf« – der Krampus ist in Bayern der übellaunige Begleiter vom Nikolaus – aufmachen in den Kampf gegen das Böse. Dabei ziehen junge Burschen, verkleidet mit Tierfellen und Hörnern, durch die Dorfstraßen und rasseln mit Ketten und Schellen. Bei diesem ohrenbetäubenden Brimborium geht es jedoch nicht darum, die bösen Geister zu vertreiben, sondern es geht darum, so zu tun, als sei man selbst ein Geist. Wenn, so denkt der abergläubische Bayer nämlich vorausschauend, im Dorf bereits solche Geister herumstreunen, wird das echte Geister eher abschrecken.

So komplex stellen sich die christlichen Winterbräuche nicht dar. Außerdem sind sie ein wenig kuscheliger angelegt. Meist geht es um Besinnung, die Verehrung des Herrgotts und Rituale, die Glück und Segen bringen sollen fürs neue Jahr. Feierliche Lieder und Prozessionen sollen die Menschen zusammenschweißen und das Gefühl von Gemeinschaft und Geborgenheit vermitteln.

Einer der bekanntesten Winterbräuche ist sicher der Sternsingerbrauch, bei dem – leider immer weniger – Kinder in den Gewändern der Heiligen Drei Könige von Tür zu Tür gehen, um Spenden zu sammeln. Den Menschen, die ihnen die Tür öffnen, singen die Sternsinger Lieder, sprechen ein Gebet oder sagen ein Gedicht auf. Dann schreiben sie an die Haustüren oder die Türbalken mit geweihter Kreide die Jahreszahl und die traditionelle Segensbitte: C+M+B: Christus mansionem benedicat (Christus segne dieses Haus). So weit jedenfalls die Theorie.

In der Praxis hat das Sternsingen sich in Bayern immer wieder einmal etwas weniger friedvoll dargestellt, etwa dann, wenn das, was die einen als Musik darbieten, von anderen als Ruhestörung empfunden wird. Dies untermauert auch der wohl älteste Beleg für den hiesigen Sternsinger-Brauch: In einem Strafregister des Landgerichts Tölz von 1496 ist nachzulesen, dass ein Bußgeld gegen einen Lackel verhängt wurde, weil er sich vom Gekrächze eines jugendlichen Sternsingers im Stimmbruch dermaßen gestört gefühlt hatte, dass er ihn verprügelte. Weitere Episoden stammen aus dem 18. Jahrhundert, als die gesammelten Spenden vermehrt nicht für Bedürftige verwendet, sondern von den Eltern der Sternsinger im Wirtshaus auf den Kopf gehauen wurden. Dies führte dazu, dass der Brauch in Freising bei München 1784 per königlich-bayerischem Erlass für einige Zeit verboten wurde.

Auch heute gibt es Leute, die sogar bereit sind, vor Gericht zu ziehen, um sich die Sternsinger und ihre Segensformeln vom Leib und aus ihrem Haus zu halten. Diesen höchst sensiblen Mitbürgern ist für diesen wie jeden anderen Weg alles nur erdenklich Gute zu wünschen. Sie können es brauchen.

## Der Schnupftabak

Der Schnupftabak, in Bayern auch »Schnaizla« oder »Schmaizla« genannt, gehört seit 500 Jahren zum Basisequipment des Bajuwaren. Das Wort »Schmalzler« kommt vom Butterschmalz, mit dem die zerstoßenen Tabaksblätter früher verfeinert wurden. Dadurch wurde der Tabak schnell ranzig, weshalb er rasch geschnupft werden musste.

Eine gute Portion »Bries« dient den jungen Burschen seit jeher als Beweis ihrer Mannhaftigkeit. »Gstandenen« Mannsbildern dient der Schnupftabak in der Nase zur Besänftigung ihres Grants. Die Alten nehmen ihn oft zum reinen Zeitvertreib. Wobei – Stichwort Gesundheit – die

Wissenschaft dem Schnupftabak durchaus auch antioxidantische und antibakterielle Wirkungen zugestehen.

Vor einigen Jahren wäre es dennoch einmal fast geschehen gewesen um den Schnupftabak. Die EU, bei der es eh nicht weit her zu sein scheint mit Kulturgütern, hatte darüber nachgedacht, ihn zu verbieten. Schädlich sei er, haben sie in Brüssel gesagt. Jemand hat sogar hinzugefügt, die Bayern hätten erwiesenermaßen übergroße Nasen, was den übermäßigen Konsum noch fördern würde. Es war schließlich, so wird's kolportiert, der ehemalige bayerische Ministerpräsident Edmund Stoiber, der in Brüssel den Schnupftabak rettete.

Mit dem Tabak, der aus dem heutigen Südamerika kam, verbreitete sich das Schnupfen in Europa. Anfangs langsam zwar, jedoch schneller als die Kartoffel, und vor allem in Adelskreisen und im Klerus. Bereits die französische Königin Katharina von Medici hatte Mitte des 16. Jahrhunderts ihrem an Migräne leidenden Sohn mit Schnupftabak Linderung verschafft. Doch seinen ersten größeren Aufschwung erreichte das Schnupfen erst 1633, als in Konstantinopel nach einer Feuersbrunst die Todesstrafe fürs Rauchen verhängt wurde und man auf Schnupftabak umstieg. Von dort waberte der Trend, Nikotin ohne Belästigung von Mensch und Tier durch die Nasenschleimhäute aufzunehmen, nach Europa. Anfang des 19. Jahrhunderts sorgte schließlich der 30-jährige Krieg dafür, dass der Schnupftabak in ganz Europa zum Must-have wurde – bis er ab 1856 durch die Erfindung der Zigarette auf ein kleines Fleckchen Erde zurückgedrängt wurde: Bayern. Dort wird er bis zum heutigen Tag als liebevolles und gesellschaftsförderndes Kleinod gepflegt.

Was Sie wissen sollten: Ein Schnupfer ist niemals hochmütig. Auch in vornehmster Gesellschaft scheut er sich nicht, seine kunstvoll verzierte Dose hervorzuholen und sich eine Prise zu genehmigen – siehe Helmut Schmidt, der, obwohl ein absolutes Nordlicht, solches auch während Fernsehauftritten gerne tat. Für den Schnupfer ist das eine fast sakrale Handlung, ein wohliges Zurücklehnen in der Hetze des Alltags.

## Das Fronleichnamsfest

Fronleichnam zählt zu den wichtigsten traditionellen Festen der Bayern. Es wird zehn Tage nach Pfingsten und immer an einem Donnerstag gefeiert. Dann finden nach besonders feierlich zelebrierten heiligen Messen in so gut wie allen bayerischen Gemeinden prachtvolle Prozessionen statt, die oft von Musikanten, Gebirgs- oder Böllerschützen begleitet werden. Der Weg, den die Menschen beschreiten, wird von Birkenbäumchen gesäumt, und die Straßen sind mit Gras und Blumen eingestreut.

Die gläubigen Katholiken folgen dabei dem Pfarrer mit ehrfurchtsvollen Mienen. Hinter dem Pfarrer wird die Monstranz getragen, über die vier Männer einen »Himmel« genannten Stoffbaldachin halten. Eine Monstranz ist ein kostbar verziertes Schaugerät mit einem Fensterbereich, in dem eine geweihte Hostie aufbewahrt wird. Während des Weges wird gesungen, gebetet und sakramentaler Segen in alle Himmelsrichtungen und über die Stadt erteilt.

Das Fest, das in Bayern ein derart hohes Ansehen genießt, dass ich mir an dieser Stelle jedes kritische oder ironische Wort gerne verkneife, geht zurück auf eine Vision der belgischen Klosterschwester Juliana von Lüttich. Diese hatte sich ob einer himmlischen Erscheinung derart entflammt bei Papst Urban IV. eingebracht, dass der 1264 das Fest zur heiligen Eucharistie einsetzte. Mit diesem Fest sollte der Leib des Herrn, der mittelhochdeutsch als »Fronleichnam« bezeichnet wird, in besonderem Maße verehrt werden.

Wenn es Sie zur rechten Zeit – ob nun zufällig oder geplant – einmal in folgende oberbayerische Regionen verschlagen sollte: Besonders schöne Fronleichnamsprozessionen gibt es in Altötting, Ruhpolding oder auf dem Staffelsee, wo der Zug der Menschen mit Booten zur Kapelle St. Impert auf der Insel Wörth gebracht wird.


Sie merken schon, wenn ein Bayer erst einmal ins »Ratschen« kommt, wenn er also plaudert über seine Heimat, dann findet er nur schwerlich einen Punkt. Doch jetzt soll Schluss sein mit dem Sezieren von Brauchtum und Tradition. Es ist an der Zeit, ein kleines Fazit zu ziehen.

Wie ist das also mit dem bayerischen Brauchtum? Ist das, was die Bayern als Tradition bezeichnen, nun echtes Kulturerbe? Oder ist es kaum mehr als eine weißblaue Illusion, ein nett inszenierter Jahrmarkt mit Darstellern?

Die Wahrheit liegt, wie so oft, in der Mitte.

Richtig ist, dass der bisweilen gefühlsduselige Bayer einen Hang zur verklärenden Romantik hat. Dieser ordnet er vieles unter, manchmal die Wahrheit und auch den guten Geschmack. Er tut dies einzig und allein wegen der Identitätserhaltung – vor sich und vor anderen. Schließlich soll niemand je auf die Idee kommen, der Bayer sei ein geschichtsloses, seelenloses und damit unbedeutendes Wesen. Er weiß sehr genau zu unterscheiden, was Realität ist und was sich durch inhaltliche Interpretation zur Realität formen lässt. Hinzu kommt, dass in Bayern in den letzten Jahren ein neues altes Heimatgefühl aufgeblüht ist, das rückwärts gerichtet ist und sich mehr am Ursprünglichen orientiert und weniger an dessen Abziehbild. Dieses Gefühl funktioniert weitgehend ohne Edelweiß und Alpen-Mantra, und es funktioniert oft auch bei denjenigen, die ihren 30. Geburtstag noch lange vor sich haben. Ja, auch junge Menschen finden ihren Weg zurück zur Tradition. Oder dorthin, wo sie Tradition vermuten. Sie sammeln Hirschhorntrachtenknöpfe, lesen so gut wie jedes Magazin, welches das Wort »Land« im Namen trägt, gehen mit 20 000 anderen Teilnehmern auf Trachtenfeste und hören La Brass Banda oder die fränkischen Anarcho-Musiker von Kellerkommando, und zwar in durchaus nichtkatholischer Lautstärke.

All das und noch viel mehr Kulturgut hindert die neue Generation der Traditionalisten übrigens nicht daran, tagsüber als Communication Manager bei WhatsApp zu arbeiten und abends auf dem iPad zu daddeln. Bayerische Traditionen sind sozusagen zu einem Zusatzelement des Lebens geworden, mit dem der Bayer seinem Leben ein Stück Besonderheit zurückgeben will in Zeiten der Globalisierung und Vernetztheit.

## Standortvorteile im weiß-blauen Wunderland

Folgender lateinischer Satz findet sich auf Türrahmen oder in Gästebüchern; er wird auch gerne eingebaut in Festreden oder Werbespots: »Extra Bavariam non est vita, et si est vita, non est ita.«

Er bedeutet: »Außerhalb von Bayern gibt es kein Leben, und wenn, dann kein solches.« Womit natürlich gemeint ist, dass es außerhalb der bayerischen Grenzen kein Leben gibt, das so gut wäre wie das in Bayern.

Ja, den Bayern geht es gut, die Bayern leben sicher – und zwar in einer Natur und Kultur, die das Auge weitgehend in Schönheit baden lässt.

Wälder und Flüsse; Barockkirchen auf kleinen Hügelketten; saftig-grüne Wiesen mit glücklich grasenden Kühen, von denen jede täglich 30 Liter Milch liefert. Und – dies vor allem – majestätische Bergmassive. In Summe ist Bayern so etwas wie ein lebendig gewordener Reiseprospekt, der einfach gefallen muss, ob man will oder nicht.

Dem bayerischen Himmel so nah waren allerdings anfangs weniger die Touristen; die Ersten, die sich vom Liebreiz der bayerischen Landschaften verzücken ließen, waren ab Anfang des 19. Jahrhunderts Künstler und Literaten. Vor allem Maler und Schriftsteller tauchten ein in diese erquickende alpenländische Inspirationsquelle. Vor der Projektionsfläche dieser heilen Welt malten sie Bilder, schrieben Briefe und Bücher, inszenierten Theaterstücke. Oberammergau, das malerische Isartal, die Ecke von Lenggries bis ins Leitzachtal und noch vieles mehr – all diese wilde Romanik haben die Künstler in ihre Bilder und Bücher gesteckt. Sie haben so mitgeholfen, das damals noch weitaus unverfälschtere Bayern bis heute zu konservieren.

Dass die Realität mittlerweile eine andere ist – sei's drum. Dass im Laufe der Zeit mancher Brauch modifiziert und der Aktualität angepasst wurde: Was macht das schon? Schließlich ist der hiesige Ureinwohner Modernisierungen gegenüber durchaus aufgeschlossen, jedenfalls solange sie dem Erhalt seines bajuwarischen Eldorados dient. Denn was immer hierzulande auch aus- und umgestaltet wird: Recht viel weniger als das Paradies ist Bayern für seine Einwohner nicht. Im Reigen der Lobpreisungen, die der Bayer für seine Heimat bereithält, gibt es neben dem Paradies eigentlich nur eine minimale Abschwächung: die der Vorstufe des Paradieses.

Welche Definition jeweils zum Tragen kommt, ist situationsbedingt. Als Vorstufe des Paradieses wird Bayern bezeichnet, wenn es – was wirklich selten vorkommt – in einigen Bereichen haarscharf an der Perfektion vorbeischrammt. Dies ist zum Beispiel der Fall, wenn die Glocken der Kühe auf der Weide so laut bimmeln, dass sich Anrainer vom Lärm gestört fühlen und sich gezwungen sehen, vor Gericht zu ziehen. Erwähnt werden soll hier das Urteil des Amtsgerichts Miesbach: Um ein derart paradiesminimierendes Gebimmel künftig zu unterbinden, haben Kuhhälse in seinem Wirkungsfeld zwischen sieben Uhr abends und sieben Uhr morgens glockenfrei zu bleiben.

In den vielen anderen Fällen jedoch wird Bayern auf eine Stufe mit dem Paradies gesetzt, vor allem dann, wenn jemand auf die Idee kommt, etwas Wesentliches verändern zu wollen. Weil er zum Beispiel meint, oberirdische Stromtrassen durch den Freistaat verlegen zu wollen. Oder gar vorschlägt, ein lauschiges Plätzchen für Atommüll zu finden. In solchen Situationen muss Bayern unter allen Umständen geschützt werden. Und wie könnte das besser gehen, als dem Land das Prädikat des paradiesischen Nonplusultra zu verleihen?

Derart herrliche Zustände bleiben natürlich nicht unbeachtet. Gefühlte 1000 Reiseführer gibt es, bessere und schlechtere. Kürzlich habe ich gelesen, dass die Reisebuchmarke *Lonely Planet* Bayern als Top-Reiseziel für 2016 auf Platz acht ihrer Best-in-Travel-Liste gesetzt hat. Und da man Empfehlungen wie diesen nur allzu gerne folgt, strömen die Touristen herein wie das Wasser der Isar: unaufhörlich. Rund 85 Millionen Übernachtungen zählt das bayerische Fremdenverkehrsamt jedes Jahr.

Es kommen Chinesen, die beim Anblick der vielen Schlösser feuchte Augen bekommen. Es kommen Holländer in vielen Wohnwagen. Es kommen Amerikaner in dem Glauben, es sei eine gute Idee, mit Sneakers auf Berge zu kraxeln.

Touristen sind inzwischen fast überall: auf der Zugspitze, dem höchsten Berg Deutschlands, oder am Tegernsee, der so etwas ist wie das Epizentrum des bayerischen Mythos. Aber auch im bodenständigen Franken mit seinen verwinkelten Felsenlabyrinthen und Tropfsteinhöhlen oder in der Hallertau, die fast in der Mitte Bayerns liegt und eines der größten Hopfenanbaugebiete der Welt ist.

Ja, es gibt wahrlich vieles zu sehen in Bayern. Doch da dieses Büchlein kein Reiseführer sein soll, habe ich mich im Folgenden auf einige wenige Regionen beschränkt, die ich Ihnen vorstellen möchte. Die Auswahl ist sicher subjektiv; dem einen mag sie gefallen, ein anderer findet vielleicht noch ganz andere Fleckerl, die sein Herz höherschlagen lassen. Um das Ganze noch etwas mystischer zu gestalten – Sie wissen ja, die romantische Seele des Bayern! –, habe ich Ihnen außerdem einige heimische Sagen dazugepackt.

## Die »Bergmandln« vom Wendelstein

Beginnen möchte ich in einer Ecke, die gar nicht so weit entfernt ist von dem Ort, an dem ich zu Hause bin: dem Wendelsteingebirge im bayerischen Voralpenland. Nicht ganz 2000 Meter ist der Wendelstein hoch, und obendrauf stehen eine Sternwarte, eine Wetterwarte und seit 1889 eine kleine Kirche; diese ist der Patrona Bavariae gewidmet und nennt sich stolz »höchstgelegene Kirche Deutschlands«. Das stimmt natürlich nur insoweit, als es sich hier im kirchlichen Sinn wirklich um eine Kirche handelt. Denn es gibt noch jede Menge höhergelegene Gotteshäuser, beispielsweise auf der 2962 Meter hohen Zugspitze. Allerdings sind dies keine Kirchen, sondern nur Kapellen, und dies nicht exakt zu unterscheiden wäre für den gottesfürchtigen Bayern schon nahe an der Blasphemie.

Was ich aber eigentlich erzählen möchte, ist eine Geschichte, die sich größtenteils im Inneren des Berges zugetragen haben soll – eine wirklich hübsche Sage, die es rund um den Wendelstein gibt; eine Sage, die auch erklärt, wie der Berg zu seinem Namen gekommen ist:

Am Wendelstein gab es früher eine Reihe von Höhlen; Schätze aus Gold, Silber und Edelsteinen sollen dort verborgen gewesen sein. Gehütet wurden sie von den »Bergmandln«; das waren Zwergenwesen, die als sehr nett und hilfsbereit galten. Hatte sich ein Hirte im Felsmassiv verlaufen, halfen sie als eine Art Bergrettung aus. Und gab es auf einer der höhergelegenen Almen einmal so viel Arbeit, dass die Sennerinnen gar nicht mehr nachkamen, taten sie auch hier ihr gutes Werk, nachts, wenn alles schlief, und ohne viel Aufhebens darum zu machen. Als die »Bergmandln« nach getaner Arbeit wieder gingen, ließen sie sogar oft das eine oder andere Geschenk zurück, eine Goldmünze oder auch einmal einen kleinen Edelstein.

Dieser für alle Beteiligten sinnvolle Interessenausgleich ging so lange gut, bis ein geschwätziger Hirte den Leuten im Dorf von den wunderbaren Ereignissen oben auf dem Berg erzählte. Und da der Bayer für etwas mehr Geld im

Beutel schon immer etwas übrighatte, stiegen einige Dorf-
bewohner auf den Berg, spionierten den »Bergmandln«
nach und fanden so die Verstecke in den Höhlen. Als sie
sich jedoch gierig auf den vermeintlichen neuen Reichtum
stürzten, rumpelte und donnerte es ganz plötzlich – und
statt der Schätze hielten die Männer nur noch Steine in
den Händen.

Die »Bergmandln« hat seit dieser Zeit niemand mehr
gesehen. Doch der Berg, auf dem sich die Schätze zu Stein
»wandelten«, hatte seinen Namen weg: »Wendelstein«.

## Versteinerte Unsympathen im Berchtesgadener Land

Weiter geht's im Berchtesgadener Land. Der dortige Natio-
nalpark hat eine Größe von 210 Quadratkilometern. Bei
dieser Ecke in Bayern hat der geneigte Betrachter wirklich
manchmal das Gefühl, der Herrgott habe alles Wunderbare in den letzten, südöstlichen Winkel des Freistaats ge-
schoben.

Im Zentrum des Berchtesgadener Lands liegt der malerische Königsee. Darüber thront der Watzmann – ein gigan-
tisches, das ganze Jahr über mit Schnee bedecktes Kalk-
massiv, das Künstler wie Ludwig Ganghofer oder Caspar
David Friedrich immer wieder zu Federkiel und Pinsel greifen ließen. Der Watzmann, dieser marmorkalte Bergriese,
birgt eine der bekanntesten bayerischen Sagen, und diese
geht so:

Einst wurde das Land von dem grausamen König Watze beherrscht, der mit seiner ebenso unausstehlichen Frau und seinen Kindern Angst und Schrecken verbreitete. Als der Wüterich schließlich eine Hirtenfamilie mit seinem Pferd überrannte und tötete, verfluchte ihn die sterbende Hirtin und bat Gott, er möge die Königsfamilie bestrafen. Was schließlich auch geschah: Es brauste und donnerte, die Hunde des Königs stürzten sich auf ihn, seine Frau und seine Kinder – und dann war es geschehen um die Familie. Nach vollzogenem Fluch blieb sie versteinert zurück; dies ist das beliebte Motiv, das Sie sehen, wenn Sie von Norden auf den Berg blicken: links die Watzmannfrau, dann die Kinder und rechts der Große Watzmann, der sich aus den Hauptgipfeln ergibt. Wenn Sie so wollen, ist der Watzmann also so etwas wie der bayerische Mount Rushmore.

Auch abseits der verfluchten Königsfamilie tummeln sich in den Berchtesgadener Alpen jede Menge Erdgeister, Feen und Geister. Sie alle aufzuführen käme einer Sisyphusarbeit gleich. Doch zwei gibt es schon noch, die ich Ihnen ans Herz legen möchte:

Da ist zum einen die Legende von Agnes. Das ist eine menschenähnliche, rund 15 Meter hohe Felsformation am Dreisesselberg im Lattengebirge. Agnes soll der Sage nach eine gottesfürchtige Frau gewesen sein, die der Teufel, bedingt durch Beischlafgelüste, unbedingt für sich gewinnen wollte. In verschiedenen Gestalten versuchte er sie zu verführen: als Wilderer, als Holzknecht und als schneidiger Jägersbursche. Doch Agnes blieb standhaft. Als ihr der Leibhaftige eines Tages persönlich vor die Augen trat, rief die keusche Sennerin die Heilige Maria an und wurde erhört: Der Berg vor ihr öffnete sich und schloss sie für immer sicher in sein Inneres ein.

Geologen freilich haben eine andere Erklärung für die Form der etwa 230 Millionen Jahre alten Felssäule: Materialunterschiede, nicht mehr und nicht weniger. Die weicheren Gesteinsschichten im Fels verwittern einfach schneller als die härteren; es war also vermutlich nicht Maria, sondern Mutter Natur, die die steinerne Agnes geformt hat.

Eine weitere recht bekannte Legende der Region ist die um einen berühmten Untermieter: Kaiser Karl der Große liegt zwar eigentlich in Aachen begraben, er soll aber im Untersberg, dem nördlichsten Ausläufer der Berchtesgadener Alpen, auf seine Auferstehung warten. Umsorgt von Zauberwesen schläft er dort und wacht nur alle hundert Jahre auf. Dann schickt er einen Knappen hinaus, um zu zählen, wie viele Raben den Berg umkreisen. Wären es genau 24, dann würde sich Karl der Große der Sage nach auf den Weg machen, um Deutschland wieder zu regieren. Zählt der Knappe jedoch weniger als 24 Raben, legt sich der Kaiser wieder hin und schläft weitere hundert Jahre.

Jetzt haben Sie also eine Erklärung dafür, warum auf dem Untersberg immer wieder Wanderer stehen und mit ihrem Finger auf schwarze Vögel in der Luft deuten und dabei zählen: eins, zwei, drei, vier …

# Zauberwesen aus dem Moor

Aus Berchtesgaden bis an den Chiemsee sind es nicht mal 80 Kilometer. Bayerisches Meer nennt man ihn auch. Im Sommer ist er voller Segelboote; von der Ferne scheint es, als habe Frau Holle ihr Kissen über den grünen Wassern ausgeschüttelt, so viele Segel sind dort zu sehen. Besonders schön sieht der See aus, wenn das Wetter mitspielt, und das tut es hier eigentlich oft. Doch Bayern wäre nicht Bayern, wenn es nicht auch in Bezug aufs Klima eine Besonderheit gäbe, nämlich den sogenannten Föhn.

## Der Föhn

Der Föhn sorgt für einen traumhaft schönen weiß-blauen Himmel und eine herrliche Sicht. Der warme Fallwind ist jedoch auch Ursache aller möglichen Beschwerden, die von Kopfschmerzen und Ohrensausen über Schlaflosigkeit bis zur Kopflosigkeit reichen. Selbst Franz Beckenbauer machte das Wetterphänomen schon für so einiges verantwortlich, für Niederlagen seiner Bayern ebenso wie für eigene Irrungen und Wirrungen.

Fakt ist, dass Experten seit Jahren in Sachen Föhn forschen und plausible Erklärungen für die von ihm verursachten Leiden suchen. Hypothesen gibt es viele, doch fest steht bislang nur, dass bei Föhnlagen Druckschwankungen entstehen, die auf den menschlichen Körper wirken. Mehr weiß man noch nicht. Ein berühmtes Föhnopfer – offenbar mit wenig Leidensdruck – war der

Dichter Hermann Hesse, der während eines Aufenthalts in München einmal schrieb: »Es gibt nichts Seltsameres und Köstlicheres als das süße Föhnfieber.«

Gehen wir einmal davon aus, dass der bayerische Wettergott Ihnen geneigt ist und sich den Föhn für die Zeit nach Ihrem traumhaften Urlaub auf- und Ihnen das Kopfweh damit erspart. Dann nämlich können Sie den Chiemsee so richtig genießen. Sie können anderen Touristen dabei zusehen, wie sie den Chiemsee genießen. Oder Sie könnten mit einem Dampfer über den See fahren und sich an »Herrenchiemsee« erfreuen; dann wären Sie wieder bei König Ludwig II. und einem seiner Schlösser, das er 1878 nach dem Vorbild des Schlosses in Versailles errichten ließ. Sie könnten aber auch – das würde ich Ihnen empfehlen – eine Moorwanderung in der Dämmerung machen. Wirklich romantisch und deswegen bestens geeignet ist die »Kendlmühlfilze« nördlich der Ortschaft Grassau. Wenn die Sonne hinter der mächtigen Kampenwand verschwunden ist und die Dunkelheit langsam heraufkrabbelt, lässt sich in der weitläufigen Moorlandschaft manchmal ein unheimliches Leuchten beobachten; dieses rührt (wenn Sie ein phantasievoller Mensch sind) von allerhand irrlichternden Zauberwesen her, die durch das violett schimmernde Heidekraut huschen. Wenn Sie es nicht so haben mit der Mystik, ist es eben – was nicht weniger faszinierend ist – die Biolumineszenz einiger Moorpflanzen, die diesen Lichterzauber durch eine chemische Reaktion in einigen Pfanzenteilen verursacht.

Noch ein wenig mystischer, sogar ein wenig unheimlich, geht es an einem anderen Ort zu: im Bayerischen Wald.

## Der Mühlhiasl aus dem bayerischen Urwald

Das Mittelgebirge im Norden Bayerns erstreckt sich über rund 100 Kilometer zwischen Bayern und Tschechien; der größte Teil das Bayerischen Waldes liegt in Niederbayern, der Nordteil gehört zur Oberpfalz, und im Süden reicht der Bayerwald bis zur Grenze Oberösterreichs. Gemeinsam mit dem Böhmerwald ist dieses wahrlich imposante Gebiet das größte zusammenhängende Waldgebirge Europas.

Bekannt ist diese Region für ihre Thermalquellen, für die weitverbreitete Glasmacherkunst, für die Regensburger Altstadt (die zum Weltkulturerbe der UNESCO zählt) und natürlich für den vielen Wald, den es hier gibt. In Bayern gibt es eine große Waldverbundenheit. Entsprechend viele Begriffe kennt man hier dafür: »Hart« nennt der Bayer den Weidewald, »Forst« den gebannten Wald, »Lohr« das Laubgehölz und »Tann« den düsteren Nadelwald. Nirgends im Freistaat gibt es mehr Wald als hier, und bei einem Blick auf die schier endlosen Wipfel des Bayerwaldes, die sich bis zum Horizont erstrecken, erscheint es kaum vorstellbar, dass Bayern nach der letzten Eiszeit vor 12 000 Jahren eine nahezu unbewaldete Tundra gewesen ist.

Die ersten Bäume, die hier ihre Wurzeln in den Boden gruben, waren die Kiefer und die Birke. Nach und nach folgten die heutigen Laub- und Nadelbäume. Als sich der

Wald schließlich zu voller Schönheit entfaltet hatte, setzte jahrhundertelanger Raubbau ein, bis die Wälder um 1600 so löchrig waren wie ein Schweizer Käse. Trotz verschiedener Bemühungen, das rigorose Abholzen einzudämmen, begann erst Anfang des 19. Jahrhunderts eine pflegliche und nachhaltige Forstwirtschaft Wirkung zu zeigen.

Heute hat sich der Bayerische Wald recht gut »darappelt«, wie der Bayer sagt. Hier wächst das letzte bisschen Urwald auf deutschem Boden, und auch Tiere, die vertrieben worden waren, sind zurück: Wölfe gibt es hier wieder, Bären, Luchse und mächtige Hirsche.

Richtig unheimlich wird es, wenn Nebel aufzieht, der die Szenerie einbettet in seine weißen Schleier; wenn die Blätter rascheln und das Bachwasser gluckert. Dann gehen manchmal sagenhafte Gestalten um im Bayerwald.

Eine von ihnen ist der »Mühlhiasl« aus Apoing. Eigentlich hieß der gute Mann Matthäus Lang und lebte im 18. Jahrhundert. Der Sohn eines Müllers – daher stammt vermutlich sein Alter Ego »Mühlhiasl« – war ein sonderbarer Einzelgänger, der tief im Bayerwald wohnte; seine Augen, so wird's erzählt, waren übermäßig klar und sonderbar weiß, was in Bezug auf die vielen Prophezeiungen, die der Mühlhiasl im Laufe seines Lebens abgegeben hat, durchaus vertrauensfördernd wirkte.

Einige seiner Weissagungen sind noch heute zu hören im Bayerwald, und manch alter Bauer oder Holzfäller spricht mit höchstem Respekt von diesem Waldpropheten. Der Mühlhiasl prophezeite die Weltkriege, den Klimawandel (»wenn man Sommer und Winter nicht mehr unterscheiden kann«), die Emanzipation (»wenn man Mandl und Weibl nimmer auseinanderkennt«), den Zeppelin (»wenn ein großer Fisch über den Wald fliegt«) und die Einführung des Euro (»Einerlei Geld kommt auf.«). Sogar über die Umstände nach seinem Ableben wusste er bestens Bescheid. So hat er prophezeit: »Ich komm euch als Toter noch aus!« Und wirklich: Auf der Fahrt zum Friedhof fiel der Sarg des toten Sehers vom Wagen. Der Sargdeckel sprang auf, und der Mühlhiasl fiel heraus.

## Wenn Hexen Knoten knoten

Im Allgäu liegt wohl eines der berühmtesten Schlösser der Welt: Neuschwanstein. Rund 1,3 Millionen Besucher pro Jahr kommen hierher, um sich im Kollektiv durch König Ludwigs Traumwelten zu wälzen – und es sollte mich wundern, wenn nicht auch Sie mit dem Gedanken spielen würden, hier einmal vorstellig zu werden.

Zugegeben: das Bauwerk, das Ludwig auf einem Felsen bei Füssen errichten ließ, ist wirklich beeindruckend. All die Türmchen und Zinnen, der Byzantinische Thronsaal, der mit Fresken verzierte Sängersaal und Ludwigs Schlafzimmer … Wenn Sie ein Faible haben für Märchenhaftes, dann kann ich Ihnen den Ausflug hierher nur empfehlen. Allerdings sollten Sie die Anreise am besten auf den Winter legen. Dann ist es etwas ruhiger, und man hat mit ein paar Reisebusladungen weniger zu tun.

Sollte Ihnen der »g'schpinnate« Ludwig noch nicht

»verrückt« genug sein, dann machen Sie doch einfach eine Wanderung auf den 2047 Meter hohen Säuling; dieser kleine Berg liegt ganz in der Nähe des Schlosses. Dessen Gipfelplateau nutzen nämlich angeblich Hexen als Platz zum Tanzen und auch als Ort, um allerhand Gemeinheiten auszuhecken. Erzählt wird zum Beispiel diese kleine Anekdote: Kurz nachdem anlässlich Ludwigs Tod im Jahr 1886 eine schwarze Fahne auf der Gipfelstange des Säuling gehisst worden war, fand man diese derartig kompliziert verknüpft vor, dass niemand in der Lage war, den Knoten zu lösen. Diese nichtmenschliche Fingerfertigkeit, die man sonst wohl nur auf einer Origami-Weltmeisterschaft bewundern kann, konnten – darauf gab man Brief und Siegel – nur Hexen vollbracht haben.

Abschließend möchte ich Ihnen jetzt noch von zwei mystischen Wesen erzählen, die nicht nur an speziellen Orten in Bayern vorkommen, sondern deren Verbreitung sich über den gesamten Alpenraum erstreckt. Das bekannteste darunter, also so etwas wie der Star der bayerischen Spuk-Spezies, ist sicher der Wolpertinger.

## Der Wolpertinger

Der »Woippadinga«, wie ihn der Bayer nennt, ist ein scheues Mischwesen, das nachts durch die bayerischen Wälder huscht. Manchmal erscheint er als Hase mit Hörnern und Vogelflügeln, dann wieder als Eichhörnchen mit einem Entenschnabel, aus dem Marderzähne herausschauen.

In manchen Wolpertingern sind sogar fünf und mehr Tiere vereinigt.

Angeblich gibt es Wolpertinger seit über 200 Jahren, und es geht die Legende um, dass alles mit der großen Liebe zwischen einem Rehbock und einem Hasen begonnen habe, die schließlich Eltern wurden.

Wenn Sie jetzt eine Dame sind, die den richtigen Partner noch nicht gefunden hat, und darüber hinaus noch nett sind und adrett, dann haben Sie gute Chancen, so einen Wolpertinger einmal zu Gesicht zu bekommen. Denn der Legende nach können die Tiere ausschließlich von hübschen ledigen Frauen gesichtet werden, wenn diese sich in der Abenddämmerung bei Vollmond der Begleitung eines Mannes anvertrauen, der die richtigen Stellen an abgelegenen Waldrändern kennt. Und solch ein Mannsbild, das darf ich Ihnen versichern, findet sich in Bayern schnell ...

Alle anderen Faunafreunde seien gewarnt: Ein Wolpertinger hat eine multiple Persönlichkeit, die alle bayerischen Charaktereigenschaften in sich vereint – und dies schließt den Grant explizit mit ein. Er kann also fuchsteufelswild werden, wenn ihm etwas nicht passt, wozu auch zählt, dass »Saupreißn« in seinem Wald herumstolpern. Wer also auf Nummer sicher gehen will, begnügt sich damit, den Wolpertinger auf alten Gemälden in einigen bayerischen Gasthäusern zu bewundern, oder – dann leider ausgestopft – im höchst seriösen Jagd- und Fischereimuseum in München.

Sollten Sie zu den ganz Mutigen gehören und auf die Idee kommen, einen Wolpertinger einfangen zu wollen, funktioniert das wie folgt: Stellen Sie bei Vollmond auf einer dreieckigen Wiese eine kleine Holzkiste auf, und packen Sie dort eine weiße und eine blaue Kerze hinein. Um den Wolpertinger in die Kiste zu kriegen, können Sie ein Stück Brezn oder Weißwurst auf einen Teller legen. Wird das Tier von dieser heimischen Köstlichkeit angelockt, wird es nicht zögern, in die Falle zu gehen.

## Der Tatzelwurm

Dieser Höhlenbewohner ist ein etwas kleiner geratener Verwandter des Drachen und Lindwurms; zwischen einem halben und zwei Meter soll er lang sein. Der Name setzt sich zusammen aus »Tatze« (was Pfote oder Klaue bedeutet) und »Wurm«, was darauf hindeutet, dass es sich beim Tatzelwurm um einen Halbdrachen mit einem schlangenartigen Unterleib und zwei prankenbesetzten Vorderbeinen handelt.

Obwohl im Allgemeinen relativ scheu, gelten Tatzelwürmer als bisweilen aggressiv – sogar Menschen und Tiere sollen sie bereits angefallen haben. Viel ist ansonsten nicht bekannt über das Tier. Es heißt jedoch, wenn ein Tatzelwurm durch Sand krieche, werde der Sand zu Glas, was darauf schließen lässt, dass er zumindest schon mal kein Kaltblüter ist. Tatzelwürmer vermehren sich angeblich nicht auf biologischem Weg. Vielmehr funktioniere das Kinderkriegen so: Ein Hahn legt ein schwarzes Ei in einen See, wo es von der Sonnenwärme ausgebrütet wird – und aus dem Ei schlüpft dann ein Tatzelwurm.

Okay, über das mit dem Ei kann man schmunzeln, aber ob Sie es glauben oder nicht, es gibt durchaus Leute, die beschwören, so einem Tier bereits begegnet zu sein. Rund 80 Augenzeugenberichte über eine angebliche Sichtung gibt es – die letzten stammen aus den 80er Jahren in Südtirol. Waren die nun alle von Rauschmitteln beduselt? Da kommt man schon ins Grübeln.

Ich selbst bin leider noch nicht in den Genuss gekommen, einem Tatzelwurm zu begegnen – dabei soll, glaubt man dem Oberauer Toni aus dem Nachbarort, einer ganz bei mir in der Nähe gehaust haben. Diesbezüglich gibt der Toni gerne folgende Geschichte zum Besten:

In Fischbachau im weitläufigen Tal der Leitzach lebten einst eine junge Frau und ein junger Mann. Die beiden liebten sich, konnten jedoch nicht zusammenkommen, da ihre Väter andere Pläne mit ihnen hatten. Ein alter Kräutersammler, an den sich das verzweifelte Paar wandte, wusste schließlich Rat: Er empfahl den beiden, das Blut vom Tatzelwurm, der in der Schlucht hinter dem Dorf zu finden war, abzuzapfen und den zwei starrsinnigen Vätern nachts auf den Kopf, vor allem im Hirnbereich, zu schmieren. Obwohl so eine Unternehmung natürlich ein Wagnis ist, machte sich das Liebespaar auf den Weg zur Drachenhöhle. Sie fanden den tiefschlafenden Tatzelwurm und zapften ihm sanft und heimlich etwas von seinem Lebenssaft ab. Den strichen sie dann ihren Vätern im Schlaf auf den Kopf – und siehe da: Schon am nächsten Tag gaben die ihren Segen zur Hochzeit.

Auf dieser alten Sage basiert übrigens auch der Name

der sogenannten Tatzelwurmstraße, die unweit von Fischbachau südlich von Brannenburg (unweit des Wendelsteins) beginnt, mit bis zu 18 Prozent Steigung über den sogenannten Tatzelwurmpass führt und nahe dem hübschen Wasserfall Tatzelwurm endet, dessen Besuch wirklich lohnt. Diese Gebirgsstraße mit ihren diversen Windungen ist ein sehr beliebtes Biker-Eldorado. Ich zum Beispiel mache gern mit meinen Harley-Buddies sonntags einen Ausflug dorthin, um die Kurven zu genießen und dann im Café am Tatzelwurm hausgemachten Kuchen mit einem Haferl bestem bayerischen Kaffee zu mir zu nehmen.

Sie sehen also: Es gibt manch Phantastisches zu entdecken in Bayern. Und so dürfen Sie sich nicht wundern, dass der Bayer mächtig stolz ist auf seine Landschaft und Legenden. Beide will er bewahren und beschützen. Doch so einfach ist das gar nicht bei all den Menschen, die da – ausgerüstet mit Wanderkarte und Selfie-Stick – in seine Heimat quellen, um Wälder zu erkunden, Berge zu besteigen und Sehenswürdigkeiten zu bestaunen.

Der Bayer leidet manchmal ein wenig darunter. Seine Rache besteht bisweilen darin, die Erkundung seiner Heimat so schwierig zu gestalten wie möglich. Er mag sie gar nicht einmal verhindern, nur erschweren will er sie ein wenig.

Sollten Sie schon einmal eine Hüttenwanderung gemacht haben, kennen Sie vielleicht das unangenehme Gefühl, nicht zu wissen, in welcher genauen Verbindung zu Hanglage und Richtung die wenigen erklärenden Worte

aus dem Munde eines Einheimischen zu verstehen sind –
meist lauten diese »obi«, »auffi« und »ummi«.

Ähnlich verhält es sich mit Besuchen von Gasthäusern
oder auf Wanderungen; hier wie da ist die unfallfreie Verständigung nicht selbstverständlich und erfordert manchmal einiges an Geduld und Transferdenken.

Ein wenig kann man's verstehen. Bayern fühlt sich über-
rannt. Touristen, wohin das Auge schaut; zurück lassen sie
ihren Müll. Und, nun ja, auch ihr Geld, immerhin. Und da
der Bayer davon im Zweifelsfalle nie genug haben kann,
lässt er die Touristen letztlich doch ganz gerne hinein in
seine Wälder, Seen und Liftanlagen.

# V.

## Energieversorgung

### Der Bauch

Zur Energiegewinnung muss der Bayer wie jedes andere Lebewesen Nahrung zu sich nehmen. Hierbei wird grundsätzlich zwischen Fest- und Flüssignahrung unterschieden, wobei dem Bier eine der Schweinshaxn durchaus ebenbürtige Bedeutung zufällt.

Mit drei weiteren Aspekten der Energiegewinnung sollten Sie sich ebenfalls vertraut machen:

– Die Nahrungsmittelaufnahme von sowohl männlichen als auch weiblichen Bayern-Modellen erfolgt primär im Sitzen. In seltenen Fällen wird in den Stand- oder gar To-go-Modus gewechselt.
– Das Verwenden von Besteck ist zwar grundsätzlich vorgesehen, wird jedoch bei einigen landestypischen Gerichten kategorisch ausgeschlossen.
– Eine bayerische Sonderform der Nahrungsmittelaufnahme trägt den etwas verwirrenden Namen »Brotzeit« und steht immer in Verbindung mit dem Verb »machen«.

Konkret macht man Brotzeit in Gast- oder Wirtshäusern, in Biergärten oder auf Almen. Eine spezielle Tageszeit dafür gibt es nicht.

## »Mi hungads!« Feste Nahrung – und wie der Bayer diese zu sich nimmt

Der Bayer isst gern, da gibt's kein Vertun. Und wenn's ihn »hungad«, wenn er also Hunger hat, dann mag er's deftig. Was bei ihm auf den Tisch kommt, ist – meist jedenfalls – nicht gerade etwas für die schlanke Linie. Bitte bedenken Sie diese Esskultur, wenn Sie der Annahme sein sollten, in Bayern problemlos einen Diät-Urlaub verbringen zu können (obwohl Bio und Fitness mittlerweile auch im Bayernland großgeschrieben werden).

Morgens gibt es in Bayern ein Frühstück, später ein Mittagessen, schließlich folgt das Abendessen. So weit verhält sich alles vollkommen normal. Allerdings kennen die Bayern noch eine weitere Mahlzeit: die schon oben erwähnte sogenannte Brotzeit, für die der bayerische Satiriker Gerhard Polt einmal folgende simple Formel aufgestellt hat: Brot + Zeit = Brotzeit.

Zur vermutlichen Definition: Das Brot steht hier im weitesten Sinne für Nahrung; es muss sich also nicht zwangsläufig um ein Backprodukt handeln, was man bei einer Brotzeit zu sich nimmt.

Die Zeit – das zweite Element der Polt'schen Formel – ist im Endeffekt nichts anderes als die Aufforderung zur Entschleunigung und Gemütlichkeit, die für den Bayern von enormer Wichtigkeit ist. Nehmen Sie sich also Zeit zum Essen. Schlingen Sie nicht, stopfen Sie nicht – machen Sie es einfach auf die bayerische Art und genießen Sie, wo immer Sie mögen und wann immer Sie mögen. Denn während die Brotzeit früher eine vormittägliche Zwischenmahlzeit der schwer schuftenden Landbevölkerung war, ist es heute vollkommen egal, wann sie stattfindet. Sie machen einfach Brotzeit, wenn Ihr Hungergefühl Ihnen sagt: Jetzt!

Die Brotzeit kennt keine speziellen Gerichte, da kann Ihnen der Reiseführer verzapfen, was immer er möchte. Sie muss weder aus kalten Speisen bestehen, noch muss sie zwangsläufig Brot beinhalten. Vielmehr erlaubt sie es generös, aus dem Angebot der bayerischen »Schmankerln« jeweils das herauszugreifen, »wos Eana grod daugd«. Sie essen also, worauf Sie gerade Lust haben.

Damit Sie sich und Ihrem Gaumen dabei etwas Gutes tun, habe ich Ihnen hier die wichtigsten bayerischen Gerichte zusammengeschrieben. Und damit Sie wissen, wo die bayerischen Schmankerl ihren Ursprung haben, erzähle ich Ihnen das auch gleich mit.


## Die Ausgezogene (auch Kirchweihnudeln genannt)

Die »Auszongne« ist ein in Bayern weitverbreitetes, rundes Schmalzgebäck aus einem hohen, weichen Rand und einem knusprigen Innenteil. Die »Auszongne« schmeckt leicht süßlich.

*Herkunft:* ländliche Tradition. Bäuerinnen backten diese Schmalznudel früher hauptsächlich in der Erntezeit und zu hohen Festtagen, besonders zur Kirchweih.

*Passt gut zu:* Kaffee.

---

*Ausgezogene in Arizona*

Sie werden es übrigens nicht glauben, aber bei meinen Motorradtouren durch die USA habe ich festgestellt, dass es »Auszonge« auch im Navajoreservat gibt – yeah, und zwar mit Bohnen und Rindfleisch. Dann nennt sich das Ganze »Indian Taco«; oder mit Honig und Puderzucker, dann heißt es »Sweet Taco«. Wenn man dann beim Verzehr die Augen schließt, könnte man meinen, man sitzt im Café Winklstüberl in Fischbachau …

---

## Die Breze

Die »Brezn« (bitte unter gar keinen Umständen: »Brezel«!) ist ein Laugengebäck in verschiedenen Varianten und Größen, meist mit grobem Salz bestreut.

*Herkunft:* Die Brezn hat ihren Ursprung vermutlich im römischen Ringbrot »Bracchium«, das in bayerischen Klöstern als besonderes Festtagsgebäck zum Neujahrstag, zum Palmsonntag oder an Erntedank gebacken wurde. Die Geschichte der »Brezn« reicht also zurück bis in die Antike.

*Passt zu:* Weißwurst, Leberkäse und Obazda.

## Das Griebenschmalz (auch Grammelfett genannt)

»Griamschmoiz«, wie der Bayer sagt, ist: ein Brotaufstrich, manchmal verfeinert mit Äpfeln und Zwiebeln.

*Herkunft:* Der Name Grieben oder »Grammeln« ist eine bäuerlich geprägte Bezeichnung für ein Stückchen ausgebratenen Speck. Früher wurde das beim Schlachten eines Tieres entstandene Fettgewebe erhitzt. Man ließ das flüssige Fett auslaufen, woraufhin sich das Gewebe verdichtete und die schmackhaften Grieben bildete. Diese wurden dann im erkaltenden Fett belassen und nach Bedarf gewürzt.

*Passt gut zu:* Brot. Griebenschmalz gilt als Vorspeisen- oder Brotzeitklassiker.

## Die Hochzeitssuppe

»Hochzeitssuppn« ist eine klare Kraftbrühe mit unterschiedlichen Einlagen wie Biskuitrauten, Grießnockerln, Eierstich, Markklößchen, Leberklößchen oder Flädle.

*Herkunft:* Der Hochzeitssuppe kommt in Bayern eine besondere Tradition zu. Mit ihr wird der festliche Charakter eines Gastmahls hervorgehoben. Alte Rezepte der Hochzeitssuppe und ihrer Einlagen findet man sogar noch in handgeschriebenen Büchern bäuerlicher Haushalte, wobei die Herstellung der Suppe den Köchinnen bzw. der gastgebenden Hausfrau und ihren Mägden vorbehalten war.

## Die Leberknödelsuppe

»Lebaknedlsuppn« ist eine Brühe, in die zu Knödel verarbeitete Leber, Speck, Brötchen (in Bayern: Semmeln) und Gewürze gegeben werden. Die Leberknödelsuppe kommt mittags oder abends bevorzugt als Vorspeise auf den Tisch.

## Der Leberkäse

»Lebakaas«, wie er ausgesprochen wird, ist eine Wurstspezialität, die in Bayern weder Leber noch Käse enthalten darf. Die Bezeichnung stammt von den alten deutschen Wörtern »Lab« und »Kasi«, die mit der Gerinnung von Fleischeiweiß durch Kochen in Verbindung stehen.

*Herkunft:* Zu verdanken haben die Bayern ihren »Lebakaas« dem Metzger des Kurfürsten Karl Theodor. Er kredenzte dem Hof eine Komposition aus feingehacktem Schweine- und Rindfleisch, die in Brotformen gebacken wurde. Auch heute gibt es noch die hübsche Tradition, dass viele bayerische Metzger zweimal täglich »Lebakaas« herstellen: einmal für die Brotzeit am Vormittag und das zweite Mal gegen vier Uhr nachmittags.

## Der Obazde

Ein »Obazda« ist eine pikante zähe Creme aus zerdrücktem Weichkäse, Butter, Zwiebeln und Gewürzen.

*Herkunft:* Die Geschichte des »Obazdn« ist nicht hundertprozentig gesichert. Berühmt wurde der Käse jedoch spätestens in den 20er Jahren des vergangenen Jahrhunderts, als ihn die Weihenstephaner Wirtin Kathi Eisenreich in Freising nördlich von München ihren Gästen auftischte. Und das kam so: Nachdem sie nicht recht wusste, was mit dem überschüssigen Camembert in ihrer Küche zu tun sei, ließ sie den Käse kurzer Hand mit etwas Paprika vermantschen, Zwiebeln daruntergeben und das Ergebnis mit ein wenig Bier abschmecken.

Im Juni 2015 wurde der »Obazde« von der EU-Kommission in die Reihe der »Käse mit geschützter geographischer Angabe« aufgenommen. Will ein Käse also den Namen »Obazda« tragen, muss er im Freistaat getreu traditioneller Verfahren hergestellt sein.

Wird gegessen: zu Brot oder einer Brezn.

## Der Presssack

Presssack ist eine herzhafte Kombination aus magerem Fleisch und gewürzten Schwarten. Ursprünglich wurde der Presssack zum Erhärten zwischen zwei Holzplatten gepresst, daher stammt auch sein Name. Der weiße Presssack ist mit Brühe verfeinert, der rote mit Blut. Zubereitet wird er mit Essig, Öl und Zwiebeln.

*Herkunft:* Aus dem Jahre 1813 findet sich ein erster Hinweis auf den Presssack: Dem Dichter Jean Paul hatte diese südbayerische Spezialität so gut gemundet, dass er ihn sich auf dem Postweg kommen ließ.

## Der Radi

Der »Rade« ist der Rettich, dessen scharfer Geschmack vom schwefelhaltigen ätherischen Öl in der Wurzel herrührt.

*Herkunft:* Bereits die alten Ägypter sollen den Radi als Stärkungsmittel geschätzt haben – irgendwie mussten die Pyramiden ja schließlich hochgezogen werden. Die Römer brachten die Wurzel schließlich 50 vor Christus über die Alpen nach Bayern.

Wird gegessen: in dünne Spiralen geschnitten und mit Salz und Pfeffer gewürzt; passt gut zur Brezn.


## Schweinsbraten

Der »Schweinsbratn« (bitte niemals: »Schweinebraten« sagen) ist gebratenes Schweinefleisch aus der Schulter (möglichst mit Schwarte), dem Nacken oder dem Schinken. Kommt mit einer würzigen Soße aus Dunkelbier und Kartoffel- oder Semmelknödeln auf den Tisch.

*Herkunft:* Kein traditionelles bayerisches Gericht hat über die Grenzen des Freistaates hinaus derart hohe Bedeutung erlangt wie der »Schweinsbratn«. Da der Preis für Schweinefleisch um 1830 sehr hoch lag, war der traditionelle Schweinebraten lange Zeit nur der betuchten Gesellschaft vorbehalten. Erst im Laufe der Zeit hielt er dann auch Einzug in die bürgerlichen Küchen.

Wird gegessen zu: Semmel- oder Kartoffelknödel.

## Wer hat's erfunden? Ein kleiner Knödel-Exkurs

Schmeckt, passt, »keat scho uns!« (»gehört schon uns!«).
Nach diesem Motto wurden im 19. Jahrhundert Kartoffelknödel nebst Schweinsbraten in Altbayern ratzfatz
zum Nationalgericht erklärt. Und weil der Bayer »do nix
kennt«, also als effizientes Wesen, das er nun mal ist,
gerne zwei Fliegen mit einer Klappe schlägt, hat er sich
gleich auch noch die Krone der Knödelschöpfung aufge-
setzt. Doch hier war vermutlich eher der Wunsch der
Vater des Gedankens. Denn erstens haben den Knödel,
Kloß oder Knedlik auch die Tiroler, Franken, Vogtlän-
der, Thüringer oder Böhmer als Traditionsspeise verein-
nahmt, sei es als Kartoffelknödel, Serviettenknödel,
Germknödel, Zwetschgenknödel, Leberknödel oder
Semmelknödel. Zweitens, was noch schwerer wiegt, gibt
es den Knödel bereits viel länger. Erste Erwähnungen
finden sich um das Jahr 1000. Im 11. Jahrhundert folgt
dann die erste Darstellung eines Knödelmessers, auch
bekannt als Knödelwürger. Die Funktionsweise: Durch
die Klinge an der Spitze des Knödelmessers konnten
Bratenstücke und Knödel, die damals aus Wasser, Mehl,
Fleisch und kleinen Brotstücken bestanden, direkt in
den Mund befördert werden. Was für die damalige Zeit
wirklich ein Novum war. Immerhin hat das Volk früher
meist mit den Händen gegessen.
Die Erweiterung des Knödelhorizonts samt seiner In-
haltsstoffe bewirkte ein paar Jahrhunderte später ausgerechnet ein »Zuagroasta«: der amerikanische Forscher

Sir Benjamin Thompson, der 1784 via London nach München kam und im Reich von Kurfürst Karl Theodor so ziemlich alles reformierte. Der gute Mann machte sich Gedanken um die Wärmedämmung von Soldatenuniformen, erfand einen energiesparenden Herd und gleich noch eine eintopfartige Suppe. Diese bestand neben Erbsen und Graupen vor allem aus Kartoffeln, deren Verzehr der Bayer damals so skeptisch gegenüberstand, wie er es heute bei Gerichten der Fusionsküche tut. Allerdings schmeckte die Kartoffelsuppe, und aus diesem Geschmackserlebnis keimte schließlich die Idee, aus den harten Erdknollen noch etwas anderes fertigen zu können – Knödel zum Beispiel. Vom ersten Gedanken zum neuen bayerischen Nationalgericht war's dann nicht mehr weit.

## Semmelknödel

Ein »Semmeknedl« ist ein Knödel, der aus Brötchen bairisch: Semmeln), Eiern, Zwiebeln und Milch zubereitet wird.

*Herkunft:* weitgehend unbekannt. Allerdings erzählt eine bekannte Sage von einer kühnen Dame aus Niederbayern, die im 13. Jahrhundert herannahende königliche Kohorten einzig mit den Knödeln als Wurfgeschoss in die Flucht geschlagen haben soll. Das können Sie jetzt glauben oder auch nicht …

*Passt zu:* Schweinsbraten, gebratener Gans, Innereien, Pilzen.

## Die Weißwurst

Die »Weißwuascht« ist eine Wurstdelikatesse aus Kalb- und Schweinefleisch, verfeinert mit Zwiebeln und frischer Petersilie.

*Herkunft:* Die Weißwurst gilt in Bayern als Königin der Würste. Entstanden ist sie jedoch eher zufällig und ziemlich volksnah: Man sagt, der Wirt Joseph Moser, auch bekannt als Moser Sepp, habe immer frühmorgens die zu seiner Zeit beliebten Kalbsbratwürste fabriziert. Eines Tages stellte er fest, dass ihm die Schafssaitlinge für die Würste ausgegangen waren. In seiner Not füllte er das helle Brät in dickkalibrige Schweinedärme. Er drehte die Würste ab und brühte sie in heißem Wasser, weil er befürchtete, dass sie beim Braten platzen würden, und stellte sie seinen Gästen so auf den Tisch. Der Rest ist Geschichte – eine Geschichte, um die sich bis heute manche Mythen und Legenden ranken. Einige davon stimmen, andere eher nicht.

– Die »Weißwuascht« zieht im heißen Wasser, nicht im kochenden – sonst platzt die Haut, und die Wurst sieht grässlich aus.

– Es wird seit jeher behauptet, eine Weißwurst dürfe das 12-Uhr-Läuten der Kirchenglocke nicht hören, müsse also vor dem Mittag verspeist werden. Das ist mittlerweile überholt. Ein funktionstüchtiger Kühlschrank hält die Wurst auch länger frisch – Sie müssen also nach einem späten Frühstück nicht gleich eine Weißwurst nachlegen.

- Was dagegen absolut richtig ist: Eine Weißwurst wird NIEMALS in eine Semmel gepackt, NIEMALS wie eine Currywurst in Scheibchen geschnitten und auch NIEMALS mit scharfem Senf oder Ketchup gegessen.
- An der Technik, wie eine Weißwurst verputzt werden sollte, gibt's ebenfalls wenig zu rütteln. Dies geschieht durch das sogenannte »Zuzeln«, die ursprünglichste Form des Weißwurstessens. Für Nichtbayern mag diese Technik etwas befremdlich erscheinen. Dennoch ist sie kulturkonform und funktioniert wie folgt: Sie nehmen die Wurst in die Hand, tauchen sie mit der Spitze in den Senf und schieben sich die Wurst dann etwa drei Zentimeter tief in den Mund. Dann beißen Sie in die Wurst und »zuzeln« (saugen) den Inhalt heraus. Diesen Vorgang wiederholen Sie so lange, bis nach drei oder vier Durchgängen nur noch die ausgelutschte Wursthaut übrig bleibt.
- Für die Ästheten unter Ihnen gibt es noch eine zweite Möglichkeit der Weißwurst-Konsumierung: Dazu schneiden Sie die Wurst auf einer Seite in ihrer ganzen Länge auf. Anschließend stechen Sie mit dem Messer zwischen Brät und Haut (die Sie mit der Gabelspitze festhalten) und rollen den Wurstinhalt mit dem Messer heraus. Alle anderen Techniken vergessen Sie bitte – sie besitzen für den Bayern keinerlei Relevanz.

*Wird gegessen mit:* süßem Senf, der im 19. Jahrhundert von Johann Conrad Develey in München erfunden wurde.

## »I hob an Duaschd!« – Flüssignahrung

Vom Bier hat der Bayer nie genug, heißt es hier bei uns. Der »Duaschd« (Durst) nach dem Gerstensaft versiegt demnach nie.

Bier gehört in Bayern gewissermaßen zu den Grundnahrungsmitteln. Der Freistaat und der Gerstensaft pflegen eine innige Beziehung. Dabei war Bayern bis ins 17. Jahrhundert hinein eigentlich ein Weinbauland, so lange, bis das Klima nicht mehr mitspielte.

Dann kam das Brauereiwesen. Zu Höchstzeiten bajuwarischen Bierkonsums – so wird's überliefert – haben es einige Münchner Schankkellner sogar geschafft, mit dreifach vergrößertem Herzen, dem sogenannten Bierherzen, in die Medizingeschichte einzugehen: Sie hatten rund 15 Liter Bier am Tag getrunken.

Im Laufe der Jahrhunderte ist der bayerische Gerstensaftkonsum gottlob ein wenig gesunken. In den 80er Jahren, zu Zeiten eines Franz Josef Strauß, hat jeder Bayer durchschnittlich noch 225 Liter pro Jahr getrunken. Heute sind es 145 Liter – was im Vergleich zu Restdeutschland mit seinen im Schnitt 107 Litern noch immer eine ganze Menge ist.

Jetzt wollen wir diese Zahlen mal nicht weiter bewerten – anders als die Qualität des bayerischen Bieres. Die nämlich ist auch heute noch über jeden Zweifel erhaben. Schließlich werden für die Bierproduktion nur Wasser, Malz, Hopfen und Hefe verwendet. Sonst kommt – wie in alle deutschen Biere – nichts rein ins bayerische Nationalgetränk, keine Zusatzstoffe, rein gar nichts.

In die Wege geleitet hat dies Herzog Wilhelm IV., dem man nicht umsonst den Beinamen »der Weise« verpasst hat. Schließlich war er es, der im 16. Jahrhundert den famosen Einfall hatte, im Brauereiwesen ein bisschen aufzuräumen und dem Bier mit der 1516 festgeschriebenen Lebensmittelverordnung ein allgemein gültiges Qualitätsmerkmal zu verpassen. Ein wunderbarer Geistesblitz – gerade, wenn man einmal schaut, was in der Zeit davor in den Biersud geschüttet wurde: Ochsengalle, giftige Kräuter, Pech, Ruß – wirklich die abenteuerlichsten Dinge, um das Gesöff nur ja haltbarer und schmackhafter zu machen. Da graust's einem schon allein bei der Vorstellung. Also, lieber Herzog Wilhelm, vielen Dank für diesen Innovationssinn.

Ein großer Vorteil, der sich für die Bayern durch das Reinheitsgebot (übrigens die weltweit älteste bis heute gültige lebensmittelrechtliche Verordnung) ergeben hat, war finanzieller Natur: Plötzlich war das Bier nicht nur Volksgetränk und Nahrungsmittel, nein, Bier wurde zum einträglichen Geschäft, mit dem schon die Wittelsbacher zeitweise mehr Geld verdienten als mit dem Salzmonopol. Das Qualitätsprodukt aus Bayern boomte, wurde konsumiert, exportiert und (vergeblich) kopiert. Heimische Brauereien schossen aus dem Boden wie im Herbst die Pilze. Heute gibt es im Freistaat 626 Stück, und die produzieren über 40 Biersorten und rund 4000 Markenspezialitäten. Wenn Sie jeden Tag ein anderes Bier probieren würden, wären Sie elf Jahre beschäftigt.

Doch so viel Ihrer kostbaren Zeit will ich Ihnen gar

nicht stehlen. Stattdessen haben Sie vielleicht Lust und Muße, einen Blick auf die folgenden Kuriositäten rund ums bayerische Nationalgetränk zu werfen. Manche davon können Sie wunderbar an geeigneter Stelle in die Unterhaltung mit einem Bayern einbauen. Andere (wie zum Beispiel Punkt Nummer eins) behalten Sie lieber für sich.

1. Die ältesten Überlieferungen für die Bierproduktion stammen aus dem vierten Jahrtausend vor Christi Geburt: Die Sumerer aus dem Zweistromland waren wahrscheinlich das erste Volk, das Bier braute. Zu dieser Zeit hat es die Bayern noch nicht einmal gegeben.

2. Die allererste Fracht der ersten deutschen Eisenbahnfahrt im Jahr 1836 waren zwei Fässer Bier, die von Nürnberg nach Fürth transportiert wurden.

3. Bis zum 19. Jahrhundert war Bier bei der Landbevölkerung fester Bestandteil des Frühstücks. Da sein Alkoholgehalt damals um einiges geringer war als heute, war es durchaus üblich, dass auch Kinder ein paar Schlucke bekamen. Dass hierzulande allerdings Kleinkinder mit Bier statt mit Milch aufgezogen wurden, ist ein bösartiger Irrglaube.

4. Zwischen 1920 und 1922 kostete eine Maß 50 Reichsmark, was heute ungefähr 180 Euro entspricht. Grund war die damals herrschende Hyperinflation.

5. Bier in Bayern gibt es grundsätzlich als Helles, Dunkles, Weißbier, Bock und Doppelbock. Sie unterscheiden sich durch Brauverfahren, Alkoholgehalt und Stammwürze.

6. Der Bayer trinkt in der Regel nur die Biersorte, die in seiner Region produziert wird. Andere Biersorten lehnt er ab.

7. Den bayerischen Biertrinker erkennen Sie an seiner »Wamp'n«, also seinem Bauch – irgendwo muss sich das »oans, zwoa, g'suffa« ja niederschlagen. Zumindest der bayerische Weißbiertrinker wird jedoch die komplette Eigenverantwortung für seinen Körperumfang von sich weisen, und zwar mit Verweis auf eine britische Studie aus dem Jahr 2012: Die hatte ergeben, dass geschwungene Biergläser bei gleicher Füllmenge mehr als doppelt so schnell geleert werden als solche mit geraden Wänden. An der Wampe des Bayern ist also das verflixte geschwungene Weißbierglas schuld!
(Ein kleiner Hinweis: Weißbier macht nicht dicker als normales Pils. 100 ml Weizen haben in der Regel rund 43 Kalorien, nur minimal mehr als Pils.)

8. Es gibt nicht nur Sommeliers für Wein, sondern auch für Bier. Markus Sailer aus München wurde 2015 Deutscher Meister der Biersommeliers.

9. Der Bayer trinkt sein Bier am liebsten aus Maßkrügen. Achten Sie dabei bitte auf folgende Abläufe:

*a.* Halten Sie den Maßkrug nicht mit zwei Händen. Stattdessen schieben Sie Ihre Hand zwischen Henkel und Glas und greifen zu.

*b.* Stoßen Sie kräftig an, Sie halten schließlich keinen Waldmeister-Prosecco in der Hand; aber bitte nicht so fest, dass es auf der Welt zwei Maßkrüge weniger gibt.

*c.* Eine Maß wird nicht »auf Ex« getrunken, sondern gemütlich. Gemütlich heißt, dass der Krug in 45 Minuten geleert ist.

*d.* Unter keinen Umständen schütten Sie Bierreste aus mehreren Gläsern zusammen. In Bayern trinkt man keine »Noagaln«.

*e.* Sollten Sie aus einer fremden Maß trinken, benutzen Sie bitte die Henkelzone. Der Besitzer der Maß hat sicher keine Lust auf die Keime, die Sie ihm sonst auf der Trinkzone hinterlassen würden.

*f.* Übrigens: Sie müssen nicht zimperlich sein, wenn Ihre Maß nicht ordentlich eingeschenkt ist. Sollte nach dem Absenken des Schaums nicht genügend Bier nachbleiben, haben Sie das in Bayern verbriefte Recht, bis zum Eichstrich nachschenken zu lassen. Der Eichstrich ist bei den meisten Maßkrügen die ins Glas versenkte Kerbe, die sich oben rund um den Krug zieht.

10. Beachten Sie bei der Bestellung unbedingt die richtige Betonung: Es heißt »oa Maß« Bier, wobei die Maß ausgesprochen wird wie das Wort »Fass«, also hart und kurz. Schlecht wird's jedem Bayern, wenn er dagegen hört: »Ich möchte bitte ein Maahs mit Bier.«

11. Biergläser, die weniger als einen halben Liter fassen, gibt es in Bayern nicht. Aber Vorsicht: Wer auf dem Land »a hoibe Bia«, also ein halbes Bier bestellt, bekommt normalerweise die regulären 0,5 Liter Gerstensaft. In der Stadt – ganz besonders in München – ist das manchmal ein bisschen anders: Dort sind es meist 0,4 Liter, weshalb diese Maßeinheit als »Preißnhoibe« bezeichnet wird.

12. Mäßiger Biergenuss erleichtert das Einschlafen. Grund ist der enthaltene Hopfen. Erhöhte Aufnahme dagegen bewirkt Rauschzustände, die mal mehr, mal weniger erwünscht sind.

13. Bier hat harnfördernde Wirkung. Diese führt dazu, dass im Freistaat auch Männer »zamm biesln gehn«, also den gemeinsamen Gang zur Toilette antreten. Die dort verbrachte Zeit wird – wie bekanntlich bei den Frauen auch – für vertrauliche Gespräche und den Austausch von wichtigen Informationen genutzt.

14. Die Deutsche Hauptstelle für Suchtfragen rät Männern, nicht mehr als einen halben Liter Bier am Tag zu trinken. Frauen sollen sich sogar mit der Hälfte davon begnügen.

15. Die wichtigsten Biermischgetränke in Bayern sind »der Radler« (»Radla«) sowie der »Russ«. Der Ursprung des Radler geht auf Franz Xaver Kugler zurück, dem ehe-

maligen Wirt der »Kugler Alm« in Deisenhofen. Diese ist bis heute ein bekanntes Ausflugsziel von Fahrradfahrern, die in Bayern auch »Radler« genannt werden. Weil an einem heißen Sommertag des Jahres 1922 die Biervorräte knapp wurden, füllte Kugler die Biergläser zur Hälfte mit Limo auf – es war die Geburtsstunde der »Radlermaß«.

Die Geschichte des »Russn« geht vermutlich auf die linksorientierten Genossen der Räterepublik nach dem Ersten Weltkrieg zurück. Um auf ihren Veranstaltungen nicht zu schnell schlappzumachen, mischten sie ihr Weißbier mit Limonade. Im Münchner Volksmund wurden die kommunistischen Anhänger als »Russn« und ihr favorisiertes Getränk demnach als »Russn-Maß« bezeichnet.

So, jetzt wissen Sie, was der Bayer isst und trinkt, was er also zur Energiegewinnung einspeist in sein Überlebenssystem. Doch das Bier und die Schmankerln sind in Bayern weit mehr als Genuss. Vielmehr sind sie zwei elementare Bestandteile der legendären bayerischen Gemütlichkeit. Und die sollten wir uns jetzt – natürlich in aller Ruhe – einmal genauer ansehen. Vielleicht strecken Sie vorher noch den Rücken durch und finden dann auf Ihrem Sessel eine angenehme Position. Schließlich breitet sich auch beim Bayern die Gemütlichkeit am ehesten aus, wenn er's nach eigenem Empfinden am bequemsten hat – also im Sitzen.

# Der bayerische Gemütlichkeitsakku

Die bayerische Gemütlichkeit unterscheidet sich zuallererst von anderen Gemütlichkeiten dadurch, dass sie … nun ja, wie soll ich's beschreiben … eben ein bisschen anders aussieht. Und dass sie (in vielen Fällen) gewissermaßen ortsgebunden ist.

Der Ort dieser Gemütlichkeit ist zwar grundsätzlich frei wählbar. In Bayern jedoch ist Gemütlichkeit eigentlich immer verbunden mit Wirts- und Gasthäusern, Biergärten und Almen. Das Empfinden dieses entschleunigten Glückszustandes ist also gekoppelt an Stammtische mit Trittleisten, die die Füße gegen Kälte von unten schützen; an mit warmem, dunklem Holz getäfelte Wände; an Bierbänke unter im Wind raschelnden Kastanien; an kleine Terrassen mit Blick ins Tal.

Hinterlegt ist diese Gemütlichkeit nicht selten mit der bayerischen Aussage »Schee is scho, wenn's schee is«. Die wörtliche Übersetzung würde lauten »Schön ist es schon, wenn es schön ist« – was in Wahrheit jedoch viel zu profan ist. Denn der wahre Sinn dieses Satzes lautet: »Es ist überaus angenehm, bei schönem Wetter in freier Natur an einem gemütlichen Ort zu sitzen, an dem man ein gepflegtes Bier trinken und etwas Gutes essen kann, während man die Sonne genießt und den Vögeln zuhört.« Mit rhetorisch minimalem Aufwand erzielt der Bayer also ein Höchstmaß an Gefühl.

Dieses Gefühl stellt sich auch bei mir regelmäßig ein, wenn ich in einem Biergarten unter einer Kastanie sitze.

Ein besonderer Tag bleibt mir dabei stets in Erinnerung, auch wenn er bereits lange zurückliegt:

In meinen jungen Jahren – ich machte gerade meine Lehre als Feinmechaniker – ging ich einmal in der Woche in die Berufsschule in der Münchner Deroystraße. Nach einer gewissen Zeit fiel mir auf, dass sich ein paar Straßen weiter der meiner Meinung nach schönste Biergarten in München befindet: der Augustiner-Biergarten.

An einem heißen Sommertag machte ein Mitschüler den Vorschlag, anstelle des Kiosks an der Hackerbrücke, wo wir uns immer Fischsemmeln mit Almdudler genehmigten, heute einmal kurz im Augustiner-Biergarten vorbeizuschauen. Gesagt, getan – nur kurz wurde der Besuch eben nicht. Aus einem schnellen Mittagessen wurde ein riesiger Brotzeitteller, eine Maß für jeden, dann noch eine und schließlich ein halber Rausch. Dieser hat es an diesem Tag verhindert, in die Berufsschule zurückzukehren, und auch meinen letzten Bus, der vom Hauptbahnhof nach Ottobrunn fuhr, habe ich verpasst. Ich musste also zu Fuß nach Hause gehen. Ein strammer Fußmarsch in vollkommener Bierseligkeit, 17,2 Kilometer lang – ich habe das gerade mit Google Maps noch einmal verifiziert –, was bei mir die fast vollständige Ausnüchterung bewirkte und außerdem die totale Erschöpfung. Doch noch heute spüre ich, wenn ich an diesen Tag denke, dieses ganz bestimmte Gefühl: »Mei, war des schee!«

Es wird Sie vielleicht überraschen, dass sich das Gefühl des »schee is scho« für den Bayern sowohl allein als auch in Gesellschaft entwickeln kann.

* *»Schee is aloa«:* In echten, urigen Wirtshäusern – zu denen das Hofbräuhaus in München übrigens nicht zählt – werden Sie immer wieder auf einen Bayern treffen, der ganz allein (also »aloa«) am Stammtisch sitzt und meditativ vor sich hin sinniert; eventuell bestellt er von Zeit zu Zeit wortkarg ein neues Bier, aber mehr geschieht nicht. Dieser Bayer sitzt also dort fast komatös auf seinem persönlichen Platz. Er sitzt dort und schaut und denkt, und ist doch nicht einsam – denn er hat ja sich selbst, was ihm oft genug ist. Dieses »Hokkableim« (Hockenbleiben), das ein bisschen dumpf aussieht, ist eine der uralten Grundfähigkeiten des Bayern. Allein in einem Wirtshaus zu sitzen mag für Sie vielleicht nicht so wahnsinnig gemütlich klingen, doch für den Bayern ist es kulturelles Brauchtum und Überlebensstrategie zugleich: Er sitzt eben alles aus, ob beim bierselig-meditativen Insichhineinhorchen oder beim Lösen großer Probleme der Weltgeschichte.

* *»Schee is a zamm«:* Noch ein bisschen lieber als allein zu sitzen hockt sich der Bayer freilich mit mehreren Leuten am Stammtisch zusammen. Als Gesprächsthema dient wie überall jede Wichtigkeit und Nichtigkeit, die irgendwo zwischen Gott und der Welt angesiedelt ist. Gelächter gehört hier dazu – oder auch die warme, humorige Form des Grants, die ich bereits erwähnt habe.

In der Regel werden Sie zu solch exklusiven Zirkeln nicht ohne weiteres Zugang erhalten. Sollte dies dennoch geschehen, sollten Sie viel Zeit mitbringen. Denn solche Stammtischgespräche können sich ganz schön in die Länge ziehen – egal zu welcher Tageszeit. Halten Sie durch und hören Sie zu. Und wenn's ein bisschen anstrengend werden sollte, dann bestellen Sie sich einfach etwas Gutes zu essen und zu trinken; das lädt Ihre Akkus wieder auf.

# VI.

## Sicherheitshinweise

### Ein Freund, ein guter Freund –
### Spezlwirtschaft

Freundschaft ist in Bayern ein großes Thema. So groß, dass sich sogar Fußballspieler in ein Tonstudio stellen und darüber singen.

Franz Beckenbauer hat das zum Beispiel getan, 1966. Jetzt wissen wir ja seit den Ermittlungen um die korrupte FIFA, dass es der Kaiser nicht so hat mit dem Englischen. Und da das in den 60ern nicht anders war, hat er eben auf deutsches Liedgut zurückgegriffen, garniert mit bayerischem Einschlag: »Gute Freunde kann niemand trennen, gute Freunde sind nie allein«, sang der Kaiser mit samtweicher Inbrunst.

Jetzt denken Sie vielleicht: Ja, das kenne ich, ein hübscher Schlager, der es sogar in die Hitparade (so hieß das damals noch) geschafft hat. Auch wenn es der Kaiser mit dem Fuß ein wenig besser konnte als mit der Stimme, ein Hit war das damals wirklich; bis auf Platz 31 der Charts hat er's geschafft.

Allerdings ahnte der Franz vermutlich schon damals, dass sich zwischen den Zeilen des Liedes mehr verbarg als eine normale Männerfreundschaft. Vielleicht geht es in dem Song um einen nicht zu unterschätzenden Katalysator bayerischer Geschäftstüchtigkeit, den es in dieser Form wohl nur hier gibt: den unabdingbaren Zusammenhalt freundschaftlich verbundener Menschen zum Zwecke der Optimierung des Kontostandes.

Ein Freund ist in Bayern »a Freind«. Ein ganz besonderer Freund ist in Bayern »a Spezl«.

In einigen Bereichen sind »Freind« und »Spezl« identisch: Mit beiden schaust du dir ein Fußballspiel im Fernsehen an. Mit beiden gehst du ein Bier trinken oder – wie ich – am Wochenende auf eine Motorradtour durchs Voralpenland. Allerdings hat der Spezl im Vergleich zum »Freind« einen wesentlich höheren Stellenwert. Spezln sind Premium-Freunde, die einander helfen und die sich gegenseitig verpflichtet fühlen.

Jetzt werden Sie vermutlich fragen: Was soll daran typisch bayerisch sein? Das ist doch ganz normal, so gehen Freunde überall auf der Welt miteinander um.

Da haben Sie recht. Und auch wieder nicht.

Denn mit einem echten Spezl hat der Bayer noch eine andere, tiefergehende, extrem vertrauensvolle Ebene. Man kann sie sich wie ein imaginäres Konto vorstellen, auf dem man Gefälligkeiten einzahlen und abheben kann.

Spezln wissen, was es braucht, um so ein Konto zu eröffnen. Sie kennen sich aus mit dem Networking, auch außerhalb von Xing und LinkedIn. Sie sind mit den richtigen

Leuten per du, haben deren Telefonnummer und auch die Chuzpe, diese bei Bedarf zu wählen. Man kennt sich, hilft sich und bekommt diese Hilfe irgendwann zurück. Eine fantastische Win-win-Situation für alle Beteiligten ist das – und das nennt man in Bayern »Spezlwirtschaft«.

Spezlwirtschaft ... Lassen Sie sich das Wort ruhig einmal auf der Zunge zergehen. Wie weich und rund das rüberkommt. Spezlwirtschaft klingt viel geschmeidiger als die deutsche Vetternwirtschaft, die auf Wikipedia als »Gewährung von ungewöhnlich günstigen Vertragskonditionen für Verwandte oder die Unterlassung notwendiger Prüfungen bei Verwandten zu Lasten einer Institution oder eines Unternehmens, in denen ein Familienangehöriger eine leitende Position innehat« definiert wird.

Darüber hinaus klingt Spezlwirtschaft nicht nur weicher, sie wird auch weicher gefasst. Denn während die Vetternwirtschaft nur interfamiliär ausgelegt ist, erstrecken sich bei der bayerischen Ausprägung die gegenseitigen Hilfsprogramme auch auf den Freundeskreis.

Natürlich hat die Spezlwirtschaft ganz konkrete Regularien, und zwar die folgenden:

– Zwischen den Parteien gilt grundsätzlich hundertprozentige Verschwiegenheit. Niemand weiß etwas, niemand kann sich erinnern. Zur Not – aber wirklich nur dann – können Erklärungen zu Sachverhalten abgegeben werden, die so viel Wahrheit enthalten wie die Glückskeksweisheiten beim Chinesen um die Ecke. Dies gilt jedoch nur in Ausnahmefällen, die Leib und

Leben gefährden oder zumindest den Verbleib auf freiem Fuß.

– Für den Ausgleich des Gefälligkeitenkontos gibt es keine festen Zeitfenster. Hier wird eine geduldige Geschmeidigkeit an den Tag gelegt, die sich am tatsächlichen Bedarf orientiert. Dass Soll und Haben jedoch grundsätzlich in Einklang zu bringen sind, steht fest.

– Spezln bleiben immer Spezln, sie sind nicht austauschbar – jedenfalls solange es nicht eng wird und das vereinbarte Schweigegelübde des Partners aufrechterhalten wird.

– Spezln kann man nie genug haben – und dafür sorgt der Bayer durch den Mechanismus des Dazugehörens. Nur wer drin ist, gehört dazu. Das gilt für Disko, High Society und Spezlwirtschaft. Das Dazugehören wird besiegelt und hat Gültigkeit.

– Um ein echter Spezl zu sein, ist es hilfreich, ein »Bazi« zu sein. Darunter versteht man in Bayern so etwas wie einen Lausbub oder Schlingel – eben einen Menschen, dem man außerhalb der Landesgrenzen einen nicht ganz sauberen Charakter attestieren würde. In Bayern ist der Ausdruck nicht zwangsläufig negativ behaftet; hier gibt es sogar eine gewisse Anerkennung für den Bazi.

– Obwohl das Gefälligkeitenkonto natürlich dazu dient, das persönliche Haben zu vermehren, findet in der Regel kein direkter Geldfluss statt. Vielmehr wird mit Interessen gehandelt, die jedoch oft der finanziellen Besserstellung dienen.

Es fließt also kein Geld – dann schauen wir uns doch einmal an, in welcher Währung auf so einem Spezlwirtschaftskonto gehandelt wird.

Zuerst sind es einmal kleinere, bekanntlich die Freundschaft erhaltende Gefälligkeiten, die da geleistet werden: zollfreie Zigarren aus Kuba, eine TÜV-Plakette für die alte Rostlaube, die Baugenehmigung am Rand des Naturschutzgebietes ... Na gut, vielleicht bewegen wir uns zumindest mit Letzterem bereits im mittleren Gefälligkeitsbereich.

Bei den großen Gefälligkeiten der Spezlwirtschaft gibt es in Bayern eine auffällige Nähe zur Politik – und die ist hier schon traditionsbedingt gespickt mit allerhand Bazis.

So ein politischer Bazi ist meist ein bisschen vorlaut, dabei jedoch charmant und mit der Gabe gesegnet, andere mit Redebegabung und Bauernschläue hinters Licht führen zu können. Selbst wenn ein Bazi einmal eigentlich strafrechtlich zu belangen wäre, ist man ihm nicht wirklich böse. »A Hund is a hoid«, bescheinigt man ihm – und dann: Schwamm drüber.

Der Vorzeigevertreter der bayerischen Bazi-Spezies war Franz Josef Strauß.

# Franz Josef, der Urbazi

Franz Josef Strauß wäre letztes Jahr 100 Jahre alt geworden. Er ging in die Geschichte ein als der Bundesminister, der dem Parlament mit zornrotem Gesicht die Leviten gelesen hat. Als Ministerpräsident, der sich mit Krone und Hermelinumhang beim Starkbieranstich am Münchner Nockerberg zeigte und in Bayern so etwas wie ein kleines Königreich errichtete. Und eben als Oberbazi.

Strauß tummelte sich in zahlreichen Affären: Urlaubsreisen, die potente Freunde aus der Wirtschaft bezahlten; Flugzeuge, die dem Hobbypiloten zur Verfügung standen; Geburtstagsfeiern unter südlicher Sonne, die freundlicherweise gesponsert wurden …

Mit einem von ihm eingefädelten dubiosen Kredit griff er seinerseits sogar dem sozialistischen Erzfeind Erich Honecker und seiner DDR unter die Arme. Es gibt wirklich wenig Ecken, wo Franz Josef Strauß seine Kerben nicht hinterlassen hätte.

Doch hat das die breite Masse der Bayern damals gestört?

Nein, hat es nicht. All die fragwürdigen Dinger blieben zwar nicht verborgen, aber man hat sie eben anders bewertet. Für den Bayern muss erst einmal restlos bewiesen sein, dass etwas im Argen liegt. Was man so sagte, was die Medien über Strauß berichteten, reichte da bei weitem nicht. »Kunnt scho sei, dass a so is«, orakelt der Bayer. »Kunnt abba a sei, dass ned so is«, schiebt er hinterher. Eine Welt voller Möglichkeiten, die der Bayer allesam stoisch in seine Überlegungen miteinbezieht – und zwar derart stoisch, dass im Zweifel für den Angeklagten Partei ergriffen wird.

Die Folge: Mit jedem Skandal, den man ihm anhängen wollte, wuchs Strauß' Ruhm als einer, der sich nichts gefallen lässt – weder von der Presse, noch von den Saupreißn, noch von sonst irgendjemandem. Wegen dieser Standfestigkeit – ich sag jetzt mal nicht: Dickköpfigkeit – haben sie ihn in Bayern geliebt, diesen urgewaltigen, belesenen Mann, der klug war und gebildet, aber auch maßlos und unbeherrscht.

Als das Herz des Ministerpräsidenten am 3. Oktober 1988 zu schlagen aufgehört hatte, läuteten in München die Kirchenglocken. Das letzte Geleit für Strauß, den königsgleichen Oberbazi, bestand aus mehr als 100 000 Menschen. Sie säumten die Straßen, als der auf einer sechsspännigen Lafette ruhende Sarg durch die Ludwigstraße zum Siegestor gebracht wurde – der größte Trauerzug in der Geschichte Münchens. Als Strauß in seiner Heimat in Rott am Im beigesetzt wurde, sagte der spätere Papst Joseph Ratzinger: »Wie eine Eiche ist er vor uns gestanden, kraftvoll, lebendig, unverwüstlich, so schien es. Und wie eine Eiche ist er gefällt worden.«

Bis heute hat diese Liebe zum Sohn eines Münchner Metzgermeisters Bestand. Es reicht, den Namen Strauß zu erwähnen, und schon lächelt der Bayer beseelt.

Die Erklärung dafür ist einfach. Erstens: Der Bayer entscheidet über Richtig und Falsch vor allem nach seinen eigenen moralischen Maßstäben und seinem Bauchgefühl.

Zweitens: Ähnlich wie König Ludwig II. verkörpert Strauß die Zerrissenheit, die Bayern bis heute kennzeichnet: ein ganz besonderes Nebeneinander von Volkstümlichkeit und Intellekt; und ein deutlich zur Schau getragenes Selbstwertgefühl bei der gleichzeitigen Furcht, von den anderen nicht ernst genommen zu werden.

Strauß war Bayern und Bayern war Strauß – ein Maßstab, der für jeden seiner Nachfolger eine Nummer zu groß war.

## Bazis Light

Wenn man sich so zurückerinnert, dann pflegten die bayerischen Helden der Spezlwirtschaft einen Umgang mit ihren Ämtern, der heute zu etlichen Sonderschichten der Staatsanwaltschaft führen würde. Heutzutage wäre eine Karriere wie die von Strauß wohl nicht mehr möglich. Gemessen an der heutigen Moral würde ihm und seiner Spezlwirtschaft der Gegenwind um einiges schärfer ins Gesicht blasen – sicher auch innerhalb Bayerns.

Andererseits ist es natürlich auch nicht so, dass der Freistaat heute vollkommen bazifrei wäre. Denn auch wenn sich etwas verändert hat (die politische Kultur vor allem), so ganz ist den bayerischen Spezln ihre Wirtschaft nicht um die Ohren geflogen.

Ob es sich dabei nun um eine gewisse Selbstbedienungsmentalität bei der Beschaffung von Doktortiteln handelt oder um Politiker, die ihren Familienangehörigen Posten und Aufträge zuschanzen: Einige hübsche Affärchen gibt es auch heute noch. Und diese werden nach kurzem Aufruhr weitgehend geduldet. Was, fragt der nach Vertrauen strebende Bayer, spricht denn bitte gegen einen Schwager als verdiente Bürokraft? Oder gegen eine Ehefrau als gutbezahlten Anrufbeantworter? Man könne ja schließlich – Moral hin, Ethik her – nix dafür, dass die bayerischen Gesetze bis dato derart lax gewesen sind, dass sie eine solch fürstliche Familienförderung möglich gemacht haben. Da konnte man nur schwer widersprechen, und drum hat die bayerische Gesetzgebung zumindest dieser Form der interfamiliären Spezlwirtschaft mittlerweile einen Riegel vorgeschoben.

Weiterhin klug gewirtschaftet wird dennoch in Bayern, von Männern wie Frauen – was mich dazu bringt, hier einmal folgende kleine Randnotiz reinzureichen: Es ist ein weitverbreiteter Irrglaube, ein bayerischer Schlawiner sei automatisch Träger des XY-Chromosoms. Vielmehr wird das Bazitum inzwischen von einer regelrechten Emanzipationswelle umspült. Politik, Wirtschaft, aber auch das Filmgeschäft: Ich kann Ihnen versichern, dass in das Flechtwerk aus Geben und Nehmen so manche Dame eingebunden ist, die es derart faustdick hinter den Ohren hat, dass der Heiligenschein nicht mehr so recht sitzen will auf dem hübsch frisierten Köpfchen.

Die Bazis gibt's also noch in Bayern. Und etwas anderes hat sich ebenfalls nicht wirklich geändert seit den Tagen von Strauß: In Bayern waren die politischen Freunde fast immer gleichbedeutend mit der CSU, die den Freistaat seit

Jahrzehnten regiert. Mal abgesehen von der SPD-Insel München ist Bayern tiefschwarz.

Ja, ja, die CSU … diese Partei ist schon etwas Besonderes. Eigentlich kann es auch so etwas nur in Bayern geben. Ewig scheint sie außerdem zu sein, diese Partei. Oder kann sich noch jemand an den SPD-Ministerpräsidenten Wilhelm Hoegner erinnern, der in Bayern direkt nach dem Krieg von 1945 bis 1946 im Amt war?

Das vielleicht Bemerkenswerteste an der CSU: Es scheint eine Art Naturgesetz zu geben, welches ihr Schicksal wohlwollend lenkt und es untrennbar verknüpft mit Bayern. Das heißt: Die Christlich Soziale Union und Bayern sind quasi ein und dasselbe. So denken die Bayern – zumindest diejenigen, die bei Landtags- und Bundestagswahlen regelmäßig ihr Kreuz beim Kürzel CSU machen.

Wenn man von außen draufschaut auf Bayern, ist der Eindruck auch kein anderer. Spätestens dann, wenn ausländische Staatsgäste sehen, dass auf dem CSU-Parteilogo der Löwe ebenso prangt wie auf dem bayerischen Wappen, und dann vom Ministerpräsidenten auch noch einen weißen Löwen aus Nymphenburger Porzellan in die Hand gedrückt bekommen und er ihnen salbungsvoll lächelnd sagt, »sis is a Simbl of Bavaria«, ist auch in ihren Köpfen diese Symbiose vermutlich verankert.

Mag sein, dass sich die CSU nicht als Erfinderin des weiß-blauen Himmels sieht, doch als exklusive Vertreterin der bayerischen Interessen versteht sie sich schon: als Schutzpatronin, die auch in vermeintlich unpolitischen Feldern tief verankert ist, von der freiwilligen Feuerwehr bis zum Tomatenzüchterverein. Für alles Bajuwarische beanspruchen die Christsozialen das Monopol, und dabei spielt es überhaupt keine Rolle, dass die Ideen, die da sprudeln, nicht immer gut ankommen im restlichen Deutschland: etwa die PKW-Maut, das Betreuungsgeld, das Nein zu Atommülllager und zu Stromtrassen auf bayerischem Grund und Boden. Lauter Vorschläge, die keiner außerhalb Bayerns so recht beklatschen will, die jedoch von der CSU als unbedingter Volkswille herausgefiltert wurden und deswegen hinaus in die Welt getragen und idealerweise dort verwirklicht werden sollen.

Wenn Deutschland deswegen mal wieder aufschreit, dann regt der Bayer sich darüber auf. Aber nicht lange und nur öffentlich. Denn insgeheim gefällt ihm dieses immer gleiche Schauspiel. Man spricht über den Bayern, sogar mit dem Bayern – was sich für diesen allemal besser anfühlt als preußische Ignoranz.

Bleibt noch die Frage, wie es wohl kommt, dass die politischen Vorstöße aus Bayern oft auf wenig Gegenliebe stoßen. Vielleicht fehlt ihnen dafür der nötige himmlische Beistand? Was durchaus schlüssig erscheint, wenn Sie einen Blick auf eine berühmte Geschichte von Ludwig Thoma werfen. Und die geht so ...

## Ein Münchner im Himmel

Alois Hingerl, Dienstmann Nummer 172 auf dem Hauptbahnhof in München, stirbt im Dienst. Von zwei Engeln wird er in den Himmel geschleppt, wo ihm

Petrus den Namen »Engel Aloisius« verpasst, ihm eine Harfe in die Hand drückt und eine Wolke zuweist. Dort soll er – gemäß der »himmlischen Hausordnung« – künftig nach einem festen Terminplan »frohlocken« und »Hosianna singen«. Da es auf der Wolke jedoch weder sein geliebtes Bier noch Schnupftabak gibt, beginnt Aloisius bald zu fluchen und zu schimpfen – also: zu granteln –, und zwar so lange, bis Gott auf ihn aufmerksam wird. Nach einer kurzen Beratung mit Petrus kommt der himmlische Vater zur Erkenntnis: »Aha! Ein Münchner!« – also für den Himmel nicht zu gebrauchen. Darum erhält Aloisius eine andere Aufgabe. Er soll der bayerischen Regierung die göttlichen Ratschläge übermitteln; dadurch komme der Münchner ein paarmal pro Woche nach München, und im Himmel werde es wieder friedlich. Gesagt, getan. Statt jedoch samt der mitgegebenen Botschaft direkt bei den Politikern vorstellig zu werden, geht Aloisius zuerst einmal ins Hofbräuhaus, wo er ein Bier bestellt und noch eins und noch eins … bis er darüber seinen Auftrag vergisst und einfach dort sitzen bleibt – bis heute. Derweil wartet die bayerische Regierung noch immer auf die göttlichen Ratschläge.

Damit Sie mich nicht falsch verstehen (und auch den armen Aloisius nicht): Bayern ist keine Bananenrepublik, in der politische Ideen geistlos vor sich hin plätschern würden wie eine defekte Klospülung; in der – bleiben wir ruhig bei diesem Bild – Spezlgeschäfte die Moral herunterspülen und über allem der Deckel des Schweigens zugeknallt wird.

Nein, im Freistaat herrschen weder Anarchie noch politische Armut. Es gibt kluge Köpfe und Gewaltenteilung. Es gibt sogar eine Verfassung, genaugenommen sogar zwei, denn das deutsche Grundgesetz gilt hier natürlich ebenfalls. Wenn Sie so wollen, hat der Bayer damit zwei legislative Leitplanken fürs Leben zur Verfügung – und einen hübschen Spielraum zum Interpretieren dazwischen, was in Bayern geht und was eben nicht mehr geht.

Sie werden das vermutlich schon einmal gehört haben: »A bissal wos geht imma«, sagt der Bayer und meint damit natürlich auch die Möglichkeit von Spezlgeschäften, für die es nach wie vor Angebot und Nachfrage gibt. Noch immer sind CSU-Mitglieder gut bekannt mit Vertretern aus Wirtschaft, Kultur und Sport. Noch immer tauscht man sich zwanglos aus, plaudert, netzwerkt. Eine Facebook-Freundschaftsanfrage, schicke Vernissagen, eine sonntägliche Partie Golf, ein Abendessen beim Edelitaliener, wo nebst Filet auch manches Hilfegesuch auf den Tisch kommt. Das Flechtwerk der Spezlwirtschaft ist mittlerweile halt etwas lockerer angeordnet als früher, aber einsetzen tut es der Bayer genauso gerne wie früher. Dieses Netz fängt ihn auf in einer immer unübersichtlicheren, anstrengenderen und in seinen Augen ungerechten Welt.

Es erklärt sich bereits historisch, dass die Bayern schauen müssen, wo sie bleiben. Stets waren sie Spielball großer Mächte; Merowinger, Karolinger, Ottonen, Habsburger, Napoleon, Berlin – alle wollten dem Stamm der Bayern ans Zeug flicken. Dass sich da ein gewisser Selbsterhaltungstrieb im kollektiven Gedächtnis konserviert, ist nur verständlich. Wer nach eigener Meinung immer kleingehalten wurde, der wäre gerne groß und bedeutsam – und findet Mittel und Wege, dies herbeizuführen.

»A bissal wos« geht also nach wie vor auch auf dem politischen Parkett. Doch es kommt anders daher als früher. Bayerische Politiker und die Art, wie sie sich mit ihren Ideen über den Weißwurstäquator wagen – all das ist heute stromlinienförmiger, angepasster. Dem sturen Kraftprotz Strauß sind jede Menge Landesväter gefolgt, die vergleichsweise biegsam waren. Und rhetorisch war auch keiner von ihnen auf Augenhöhe mit Franz Josef. Als Beispiel mag die im Folgenden wörtlich wiedergegebene Rede des ehemaligen bayerischen Ministerpräsidenten Edmund Stoiber dienen, die er am 21. Januar 2002 beim Neujahrsempfang der CSU gehalten hatte, um München eine Magnetschwebebahn zum Flughafen schmackhaft zu machen.

## Die berühmte Transrapid-Rede

»Wenn Sie vom Hauptbahnhof in München mit zehn Minuten, ohne Sie am Flughafen noch einchecken müssen, dann starten Sie im Grunde genommen am Flughafen am …, am Hauptbahnhof in München starten Sie Ihren Flug zehn Minuten – schauen Sie sich mal die großen Flughäfen an, wenn Sie in Heathrow in London oder sonst wo meine s…, Charles de Gaulle in, äh, Frankreich oder in, äh, in … in Rom, wenn Sie sich mal die Entfernungen ansehen, wenn Sie Frankfurt sich ansehen, dann werden Sie feststellen, zehn Minu-

149

ten Sie jederzeit locker in Frankfurt brauchen, um Ihr Gate zu finden. Wenn Sie vom Flug, äh, vom Hauptbahnhof starten … Sie steigen in den Hauptbahnhof ein, Sie fahren mit dem Transrapid in zehn Minuten an den Flughafen in an den Flughafen Franz Josef Strauß, dann starten Sie praktisch hier am Hauptbahnhof in München – das bedeutet natürlich, der Hauptbahnhof im Grunde genommen näher an Bayern, an die bayerischen Städte heranwächst, weil das ja klar ist, weil aus dem Hauptbahnhof viele Linien aus Bayern zusammenlaufen.«

Man kann sich diese legendäre Rede auf YouTube im Internet anhören – es gibt unzählige Versionen dieses rhetorischen Kabinettstückchens. Gleichwohl, an Stoibers Rede kann es nicht gelegen haben, dass das ehrgeizige Projekt der Magnetschwebebahn zum Münchner Flughafen niemals Wirklichkeit wurde. Es waren wohl eher die hohen Kosten, die es scheitern ließen. Stoibers Ziehvater Franz Josef Strauß hätte die Bahn vermutlich trotzdem dickköpfig durchgedrückt, Kosten hin, politischer Gegenwind her.

Doch Bayern hat sich verändert. Nicht von heute auf morgen, sondern in kleinen, homöopathischen Dosen. Es scheint, als sei Bayern ein wenig unbayerischer geworden im Laufe der Zeit. Man könnte sagen: Es ist sanfter geworden, umsichtiger, klüger vielleicht sogar.

Doch Vorsicht mit solchen vorschnellen Urteilen. Denn vielleicht gibt es noch eine andere Deutung der neuen bayerischen Bazis light. So könnten sie ja beispielsweise damit kalkulieren, dass es für das bayerische System durchaus von Vorteil wäre, wenn der Freistaat sich ein kleines bisschen an das deutsche und europäische Umfeld anpasst. Wenn Bayern ein bisschen demokratischer erscheint, wächst vielleicht auch die Chance, dass der Rest der Welt ein bisschen bayerischer wird. Etwas sickert rein, etwas anderes raus. Geben und Nehmen. Und schon sind wir wieder bei der Spezlwirtschaft.

## Notfallplan Bayxit

Wenn's mal wirklich problematisch wird, schreit der Bayer nach seinem König.

Das glauben Sie nicht? Schauen Sie sich doch bloß einmal um. Was, bitte, wäre Bayern ohne Schloss Neuschwanstein? Was wäre München ohne Max-Joseph-Platz, Ludwig-Maximilians-Universität, Ludwigstraße oder Max-II-Denkmal?

All das und noch ein bisschen mehr haben die Bayern den vielen Ludwigs und Maxen aus der Dynastie der wackeren Wittelsbacher zu verdanken, die Bayern fast 800 Jahre regiert haben. Deren Wirken liegt zwar schon ein gutes Stück in der Vergangenheit, scheint jedoch eine unendlich spürbare Halbwertszeit zu haben. Dies führt dazu, dass sich so mancher hier zurückträumt in einen royalen Freistaat und diesen sogar gerne wieder hätte. Heißt: Im (manchmal gar nicht so) stillen Kämmerlein wünscht sich der Bayer einen König zurück.

Um diesem royalen Bestreben möglichst viel Gewicht zu verleihen, wurden diesen Zusammenschlüssen der Königstreuen schneidige Namen verpasst: »Bund aufrechter Monarchisten« heißen sie oder »Bund der Monarchischen Jugend« oder »Königin Louise Bund«. All diese Vereine eint der gleiche große Traum: der Umbau Bayerns zur Monarchie – auf rechtsstaatlich-parlamentarischer Grundlage natürlich, schließlich soll alles seine Richtigkeit haben. Nur kein übermäßiges Revoluzzertum, denkt der monarchische Bayer da; mit dem hat man nämlich, einmal abgesehen von der Biergartenrevolution 1995, eher durchwachsene Erfolge erzielt. Außerdem legitimiert bereits die Tradition die Herrschaft des weiß-blauen Bayernbluts.

Natürlich, das stimmt schon: Die Bayern waren die Ersten, die 1918 die Monarchie abgeschafft hatten. Aber sie waren eben auch die Ersten, die das bereut haben. Und so schwelt er bis heute, der Traum vom neuen Königreich Bayern. Er schwelt sanft, niemals offensiv, immer nach dem Motto: Wir bauchen keinen König, aber schöner wär's schon, wir hätten einen …

Wenn wissenshungrige Menschen die Leute in Umfragen um ihre Meinung bitten, wird der Wunsch eines unabhängigen Freistaates mit einem König an der Spitze immer wieder genannt. Die Hanns-Seidl-Stiftung zum Beispiel hat einmal ermittelt, dass sich rund 23 Prozent der Bayern zumindest mit dem Gedanken an ein eigenständiges Bayern anfreunden könnten. Interessant: Dieser Neomonarchismus entfaltet sich quer durch die Gesellschaft, von reich bis arm, von alt bis jung. Selbst 14 Prozent der Mädchen und Buben haben in der Umfrage gesagt, dass sie eine Königin oder einen König »cool« finden würden.

Ein cooler König, ein unabhängiges Bayern – und schon tanzt ein Lächeln übers Gesicht des Bajuwaren. Ja, dann nämlich wäre Schluss mit der Berliner Tristesse; München endlich wieder Hauptstadt – wunderbar. Kein Koalitionskuhhandel im Bundestag mehr, kein ungerechter Länderfinanzausgleich, kein lästiges Reinquatschen aus Berlin und Brüssel in Sachen Flüchtlingskrise oder Gurkenkrümmung ... Bayern hätte eine eigene Nationalmannschaft, natürlich in weiß-blauen Trikots, und dank der Know-hows vom FCB mit verdammt guten Chancen bei jeder WM – zumal wenn ein Monarch in der Königsloge der Münchner Allianz Arena steht und stolz die Bayernhymne intoniert: »Gott mit dir, du Land der Bayern, deutsche Erde, Vaterland!«

Doch gäbe es denn überhaupt jemanden für die Loge? Könnte in Bayern überhaupt jemand den König machen?

Obwohl es nicht einmal ein echter Blaublüter sein müsste – immerhin kann seit der Revolution von 1918 theoretisch jeder Bayer König werden –, gestaltet sich die Kandidatenkür schwierig. Franz Josef Strauß, so etwas wie der letzte bayerische Universalherrscher, ist ja schon vor langer Zeit in den weiß-blauen Himmel aufgefahren. Und Kaiser Franz, zumindest gefühlt auch einmal prädestiniert für solch eine Position, hat zuletzt ein wenig an Glanz verloren. Vermutlich würde so ein König auch nicht Karl-Theodor heißen und aus der Familie zu Guttenberg stammen – eine plagiierte Krönungsrede würde sicher zu Irritationen führen … Und darf ein bayerischer Herrscher wirklich Horst heißen …?

Bleibt also die Frage: Wer sollte auf dem bayerischen Thron sitzen? Vielleicht der Mann, der ein gewisses Vorgriffsrecht auf diesen Posten hätte: Franz Bonaventura Adalbert Maria Herzog von Bayern, der heutige Chef des Hauses Wittelsbach und Großenkel des letzten bayerischen Königs. Vielleicht wäre Bayern mit ihm für die Monarchie ganz gut gerüstet.

Herzog Franz ist, obwohl ich ihn nicht persönlich kenne, weitaus weniger etepetete, als es sein sperriger Titel vermuten lässt. Er ist Kunstmäzen, veranstaltet hochrangige Gesprächsrunden und repräsentiert ein ehemaliges Königshaus, das den europäischen Vergleich nicht scheuen muss. Den notwendigen Flins (Sie erinnern sich: Geld) hätte der gute Mann auch: Gegen den Inhalt der Schatzkammer in der Münchner Residenz wirken die Truhen anderer Königshäuser geradezu bescheiden. Sagt man jedenfalls.

Auf höfische Etikette legt der Herzog keinen gesteigerten Wert. So ist heute die Anrede »Königliche Hoheit« zwar theoretisch noch korrekt – und praktisch nutzen sie in Bayern noch viele –, doch formal ist sie kein Muss. Herzog Franz wäre also ein König des Volkes, was ja grundsätzlich einmal nicht schlecht sein muss.

Aber reicht das schon? Vielleicht nicht ganz …

Denn ein bisschen schillern darf's schon auf dem bayerischen Thron; und etwas kauzig-exaltiert darf der Monarch ruhig rüberkommen. Und der bescheidene, unaufgeregte Herzog Franz ist zwar bestimmt kein Langweiler, aber er reicht halt leider in Sachen Glamour nicht heran an seine teils arg extrovertierten Vorgänger.

Übrigens müssten sich die Bayern vielleicht sogar mit den Briten um ihren Herzog Franz streiten. Schließlich ist der Herzog auch ein Nachfahre der Stuarts – und hätte somit, zumindest theoretisch, sogar Anspruch auf die englische Krone. All dies spricht dann doch eher gegen die Krönung von Herzog Franz.

So geht die Suche nach dem idealen Kandidaten weiter. Sie führt uns zurück in die Vergangenheit. Vielleicht findet sich dort wenigstens ein Kandidat, der geeignet wäre, die bayerische Monarchie aus dem Dornröschenschlaf zu wecken. Und wenn dann noch jemand eine Zeitmaschine erfindet, wer weiß …

## Bayern sucht den Superkönig

*   **Maximilian I. Joseph** (1756 – 1825), in Mannheim geboren, war der erste Monarch auf dem bayerischen Thron. Der gute Max soll nicht gerade der Temperamentvollste gewesen sein, doch immerhin galt er als gutmütig und rechtschaffen. Wenn sich der König nicht wohl fühlte in seiner Rolle als Regent, ging er raus und mischte sich unerkannt unters Volk. Ein »Ratsch« (also ein kleiner Plausch) auf dem Marktplatz, ein, zwei Bier im Wirtshaus an der Ecke – vermutlich waren das für ihn Reminiszenzen an das lockere Soldatenleben, das er einst führte.

Damals haben sie sich fast überall in Europa die Köpfe eingehauen – und Max war mittendrin: Gemeinsam mit seinem Minister Montgelas hatte er schon früh Frankreichs Kaiser Napoleon militärisch unter die Arme gegriffen, der ihn aus Dankbarkeit 1806 vom Kurfürsten zum bayerischen König machte. Als Gegenleistung musste das Königreich mit Frankreich später in den teuren Krieg gegen Russland ziehen, der Zehntausenden von bayerischen Soldaten das Leben kostete und das Reich viel Geld.

Max I. ist in der Münchner Theatinerkirche beigesetzt und sitzt noch immer gütig grüßend vor der Staatsoper, die er selbst bauen ließ.

Unterm Strich gilt: Max I. hatte zu wenig Flair und war zu sehr auf eine bierselige Rolle im Hintergrund geeicht. Ein Regent, der so unenergisch daherkommt wie altes Bier, wäre im heutigen Medienzeitalter vermutlich keine Idealbesetzung für den bayerischen Thron.

\* **Ludwig 1.** war der Sohn von Max I. und – was damals weitaus weniger erstaunte als heute – großer Fan Griechenlands. Vermutlich deswegen lebte er seine Leidenschaft des Bauens aus: Obwohl ihm sein Vater Max das Land so gut wie pleite übergeben hatte, ließ Ludwig in München nach antikem Vorbild Königsplatz und Glyptothek entwerfen und die Alte Pinakothek, die Universität und das Siegestor anlegen. Selbstverständlich wurde auch die imposante Ludwigstraße nach ihm benannt.

*Summa summarum:* Ludwig scheint ein Sparfuchs gewesen zu sein, was auch aus heutiger Sicht schon mal nicht schlecht ist. Und dass er sich trotz der klammen Finanzlage seine architektonischen Träume erfüllen konnte, spricht ebenfalls für ihn. Was dagegen fehlt, sind Glanz und Gloria, also das Starpotential. Ob ein Griechenlandfan den Untertanen heute als König ganz geheuer wäre?

---

### Kleiner Exkurs: Vom I zum Y

Die Änderung der Schreibweise des Landesnamens »Baiern« (mit »i«) auf »Bayern« (mit »y«) geht auf eine Anordnung Ludwigs I. vom Oktober 1825 zurück. Als glühender Vertreter des Philhellenismus (Freundschaft zum Griechentum) war der König derart fasziniert vom griechischen Ypsilon, dass das ordinäre »i« schließlich weichen musste. In der Sprachwissenschaft wird heute streng unterschieden zwischen bairischer Sprache, die mit »i« geschrieben wird, und dem bayerischen Territorium, das stolz das »y« trägt. Diese Regelung habe ich auch in diesem Buch angewendet.

---

\* **Maximilian II. Joseph** (1811 – 1864) war gewissermaßen der Daniel Düsentrieb unter den bayerischen Monarchen – er war ein Mann der Wissenschaften, der Bayern auf Teufel komm raus an allen Ecken und Enden modernisieren wollte. Max II. führte das Wahlrecht für alle in Bayern ein, kümmerte sich um die Armen, interessierte sich für Poesie, Literatur und Wissenschaften. Er lud bekannte Professoren nach München ein und gründete die Stiftung Maximilianeum für Hochbegabte, die immer noch existiert. Heute trifft sich dort der bayerische Landtag. Max, der Tüftler, der Denker – in Bayern geht sogar das Gerücht, das Max-II-Denkmal in der Münchner Maximilianstraße werde von den Einheimischen liebevoll »Max-denk-zwei-mal« genannt …

Große Innovationsbereitschaft, immer neue Geistesblitze – ganz klar, Max hätte auf jedem Fortschrittskongress gepunktet. Doch vielleicht wäre ein solcher Mann ein bisschen zu verkopft für den bayerischen Thron. Der Bayer ist schließlich ein Gefühlsmensch, traditionell herzgetrieben und seelengesteuert. Wenn Sie so wollen, war Max II. etwas zu viel Laptop und zu wenig Lederhose – und somit als Herrscher der Bayern nur bedingt geeignet.

* Neben all den Ludwigs und Maximilians gab es auch noch einen Otto – nämlich **Otto I.** (1848 – 1916), der jedoch nur auf dem Papier König sein durfte. Er galt als sonderbar. Böse Zungen behaupteten sogar, man hätte Papierflieger durch seinen Kopf schmeißen können … Offiziell hieß es damals, er sei schwermütig. Heute geht man davon aus, dass Otto an einer Borderline-Störung litt. Obwohl Ottos Herrschaft 30 Jahre währte (und damit länger als bei jedem anderen bayerischen König), bekamen ihn seine Untertanen kaum zu Gesicht. Die meiste Zeit verbrachte er eingesperrt im Schloss Fürs-

tenried. Da Otto wegen seiner Krankheit nicht regierungsfähig war, übernahm sein Onkel **Luitpold** 1886 die Regierungsgeschäfte. Otto durfte sich aber bis zu seinem Tod 1916 mit dem Titel »König von Bayern« schmücken. Ein Mann mit solch einer schwerwiegenden Persönlichkeitsstörung taugt vielleicht neuerdings zum amerikanischen Präsidenten, aber in Bayern schätzt man solche unkalkulierbaren Menschen nicht – das schließt eine Thronbesteigung von vornherein aus.

\* Wie Luitpold wurde auch **Ludwig III.** (1845 – 1921) zunächst Prinzregent, als sein Vater 1912 starb. Ein Jahr später erklärt er jedoch die Regentschaft für beendet und wurde – obwohl Otto I. noch am Leben war – mit Zustimmung des Landtags zum König gekrönt. Ein Zuckerschlecken war der Job damals nicht: Geld gab's kaum noch, schöne Schlösser und Burgen bauen konnte man also nicht. Die Menschen in Bayern waren unzufrieden, das Volk hatte Hunger oder war krank, und der Erste Weltkrieg begann sich abzuzeichnen. Was also machte Ludwig? Er tauchte ab in ein Leben, das er viel lieber gelebt hätte als das eines Regenten: Ludwig zog sich zurück auf sein Landgut in Leutstetten am Starnberger See, wo seine Frau Marie Therese und die acht Kinder auf ihn warteten. Dort gab er sich Plänen hin, wie man Bayern zu einem ertragreichen Land der Bauern machen könnte – immerhin hatte Ludwig III. Landwirtschaft an der Universität studiert. Deswegen hat man ihn übrigens den »Millibauern« (für: Milchbauern) genannt, was despektierlicher klingt, als es gemeint war.

Nachdem Deutschland den Krieg 1918 verloren hatte, wollte das Volk seinen König loswerden und erklärte die Monarchie für beendet. König Ludwig III. war Bayerns letzter Herrscher; sein Sohn **Rupprecht** hatte vergeblich auf den Thron gewartet.

Trotz seiner Agraraffinität muss Ludwig III. etwas weltfremd gewesen sein. So war dem Monarchen weder die große Unzufriedenheit seines Volkes bewusst noch die am Horizont aufziehende Revolution – von der soll der überraschte »Millibauer« bei einem seiner täglichen Nachmittagsspaziergänge im Englischen Garten in München erfahren haben. Heute, in Zeiten von Facebook und Online-Kommentaren, bräuchte man wohl eher einen auf dem Thron, der ab und an Volkes Stimme hört.

Wenn Sie eine gewisse Affinität für den bayerischen Adel in sich tragen, dann haben Sie's vermutlich bemerkt: Da fehlt doch einer! Richtig …

Denn eigentlich gab und gibt es für den Bayern nur einen echten König – »den Kini«! Und das ist kein anderer als der sagenumwobene **Ludwig II.** Spricht der Bayer über diesen Mann, dann bebt der Gamsbart und die Augen leuchten, und der Zuhörer kann sich des Eindrucks nicht erwehren, dass hier von einem ganz speziellen Monarchen die Rede ist – nämlich einem aus dem Bilderbuch.

# Ludwig der Einzige

Ludwig II. war gerade einmal 18 Jahre alt, als er 1864 den bayerischen Thron bestieg. Über 1,90 m groß, war er eine stattliche Erscheinung, und hübsch war er auch noch, der neue Regent. Das Volk war anfangs mehr als angetan – die Herzen flogen ihm zu wie heute Justin Bieber die Stofftiere. Das Sein und Wirken Ludwigs wurde also, wie man in Bayern sagt, »über den Schellenkönig gelobt« – ein absoluter Superlativ. Schließlich war der Schellenkönig früher einmal die höchste Spielkarte im bayerischen Blatt – und Ludwig stand noch darüber. Dummerweise gingen Ludwigs Sympathiewerte relativ rasch in den Keller. Aus dem Mann, der – hätte es damals so etwas schon gegeben – liebend gerne in jedem Blitzlicht gebadet hätte, wurde ein sonderbarer Einzelgänger. Der Liebesentzug kränkte den sensiblen Ludwig; andererseits schaufelte er ihm zeitliche Kapazitäten für sein liebstes Hobby frei: das Bauen. Linderhof, Herrenchiemsee, Neuschwanstein – was ließ er nicht alles an Schlössern und Burgen aus dem bayerischen Boden stampfen. Nicht mal den grünen Hügel in Bayreuth gäbe es ohne Ludwigs Gunst, der Richard Wagner vergötterte, ihn als »Seelenfreund« bezeichnete und finanziell förderte.

Doch hat man's ihm gedankt zu jener Zeit? Nein, ganz und gar nicht. Mehr und mehr entwickelte die bayerische Administration eine gewisse Feindseligkeit gegen den König. Verschwendungssucht haben sie ihm zuerst angekreidet, und dann, nicht mehr ganz richtig zu sein im

Oberstübchen. Schließlich folgte der Tritt auf die Notbremse: Am 8. Juni 1886 hat man Ludwig für »seelenkrank« erklärt und entmündigt. Der zutiefst verletzte Monarch verkroch sich nun noch mehr in seinem emotionalen Schneckenhaus. Am 13. Juni 1886 schließlich ertranken Ludwig II. und sein Arzt Bernhard von Gudden im Starnberger See – und das in hüfthohem Wasser. Ruderer hievten den toten König mit Flößerhaken aus dem Wasser – es war die Geburtsstunde des größten Mythos, den Bayern bis heute kreiert hat. Das schillernde Leben des Monarchen, die Bauwerke, die er hinterlassen hat, und nicht zuletzt die rätselhaften Umstände seines Todes füttern die bayerische Phantasie bis heute.

Ludwig, der Träumer, der Musikliebhaber, der Schlösserbauer – quasi der Michael Jackson des 19. Jahrhunderts –, bis heute glorifiziert und bewundert. Er wäre selbstverständlich dazu auserkoren, heute wieder auf den bayerischen Thron zu kraxeln – hätte man nur diese verflixte Zeitmaschine …

Vielleicht ist es jedoch so, dass wir ihm mit der neuerlichen Königswürde gar keinen Gefallen täten. Ein Michael Jackson als Staatsführer – damit würden wir in Bayern sicher eine Menge hermachen in Sachen Glanz und Glamour, und die ganze Welt könnte staunend über uns berichten. Leider muss man sich als noch so monarchischer Staatslenker auch mit profanen Dingen wie Finanzen, Wirtschaft oder Schneeräumverordnungen herumschlagen; dafür hätte unser verträumter Traumkönig jede Menge guter Berater gebraucht. Und die wachsen selbst in Bayern nicht auf den Bäumen …

Erlauben Sie mir an dieser Stelle, den Ludwig mal rasch in die Jetztzeit zu holen und zu schauen, was ihn und uns da möglicherweise erwarten würde. Dann wissen wir eher, ob ein König Ludwig im Jahre 2017 wirklich der Weisheit letzter Schluss wäre.

## Optik

Im Laufe seiner Regentschaft wäre aus dem schönen Prinzen wohl ein dicker König geworden, mit schlechten Zähnen von den vielen Süßigkeiten, die er sich ständig reingestopft hat, und mit teigig weißer Haut, weil er endgültig zum Stubenhocker wurde. Ein Blick in den Spiegel hätte ihm verraten, dass er ziemlich »schiach gwoan is«, also ziemlich unansehnlich.

## Politische Visionen

Die Signatenbücher von Ludwig I. sind voll mit Bemerkungen, an denen man sieht, dass sich Ludwigs gleichnamiger Großvater mit den Inhalten der Staatsgeschäfte wirklich auseinandergesetzt hat. Sein Enkel dagegen hat meist nur abgezeichnet – nach großer Eigeninitiative in der Politik sieht das erst einmal nicht aus. Dass er jedoch beim Regieren überhaupt keinen Finger gerührt hätte, ist auch nicht wahr. Da gab es schon die eine oder andere staatstragende Idee, die Ludwig ausgebrütet hat. Für seine politische Weitsicht spricht sein Plan, das ganze Volk der Bajuwaren umzusiedeln – und das kam so: Um den Machtverlust nach dem Verlust der bayerischen Eigenständigkeit nicht ganz so groß werden zu lassen, schickte Ludwig den Völkerkundler Franz von Löher auf eine Weltreise. Er sollte nach Territorien suchen, in denen sich notfalls eine autonome Herrschaft einrichten ließe. Als mögliche Refugien wurden auserkoren: Samoa, Afghanistan – und Mallorca. Ludwig als König von Mallorca, über das er dann geherrscht hätte als absolutistischer Sonnenkönig... Ein Blick in diese mediterrane Zukunft verzückt schon ein bisschen: Wie gewohnt, könnten die Bayern ihren Urlaub daheim verbringen – dann allerdings mit Meer und Strand. Am Ballermann würden sie die Strohhalme in Bierfässer stecken, und über allem wehte die weiß-blaue Fahne im milden Wind des Mittelmeers...

## Beziehungsstand

Ludwig scheint ein Mann gewesen zu sein, bei dem das Stenz-Gen nicht gar so dominant ausgeprägt war. Jedenfalls sind keine großen Frauengeschichten über ihn bekannt. Nur kleinere, dafür jedoch ganz aussagekräftige... So hatte Ludwig sich 1867 mit Sophie verlobt, die Schwester von Elisabeth von Österreich – also von der legendären Sissi. Was für ein schönes Paar, jubelten Hof und Volk. Doch noch im gleichen Jahr scheint der damals 21-jährige Ludwig kalte Füße bekommen zu haben: Er löste die Verbindung wieder. Die Spekulationen schossen ins Kraut. Eine ist, dass Ludwig über seine wahre Liebe Sissi – die Sophie sehr ähnlich sah – nicht hinweggekommen war und in ihrer Schwester nur eine Kopie sah. Die andere ist, dass er Sophie schon gerne gemocht hatte, aber wegen seiner angeblichen Homosexualität fürchtete, sie nicht glücklich machen zu können. Jedenfalls schrieb Ludwig am geplanten Hochzeitstag in sein Tagebuch: »Gott sei gedankt, nicht ging das Entsetzliche in Erfüllung!«

Mehr Erhellendes kann zu diesem Thema nicht berichtet werden. Trotzdem, ein bayerischer König sollte schon über einen gewissen Jagdtrieb verfügen, ganz unabhängig davon, ob das anvisierte »Gschpusi« – was in Bayern so etwas ist wie ein Lebensabschnittsgefährte – einen Rock trägt oder einen Bart.

## Genial oder Gaga?

Der Geisteszustand Ludwigs sorgt seit Jahrzehnten für lebhafte Diskussionen. Mal wird ihm eine »schizotype Störung« der Persönlichkeit bescheinigt, mal eine degenerative Erkrankung im Bereich des Stirnhirns. Wie auch immer, ein bisschen plemplem war Ludwig. Er versteckte sich zum persönlichen Amüsement vor Gästen kichernd hinter in seinen Schlössern aufgestellten Topfpalmen; er schwadronierte von leuchtenden Fluggeräten oder einem großangelegten Bankraub, um seine leeren Kassen wieder zu füllen. Andererseits: Ein paar Visionen und Spleens braucht es schon als Herrscher – fragen Sie mal Wladimir Putin oder Kim Jong-un. Warum also Ludwigs Geisteszustand nicht positiv interpretieren? Nämlich als »gschpinnatn« (von: »versponnen«), aber kreativen Geist voller Phantasie und Ideen.

Schließlich waren es schon immer Visionen, die Bayern nach vorne gebracht haben, und nicht Verwalter.

## Der bayerische Steve Jobs

Ludwig war so etwas wie der Steve Jobs seiner Zeit. Jede Menge Gadgets ließ er in seinen Schlössern installieren – von elektrischen Kommunikationseinrichtungen für den Austausch mit seinen Bediensteten bis zum sogenannten »Tischleindeckdich«, einem mechanisch in den Boden versenkbaren Speisetisch, der in der Küche gedeckt und dann wieder nach oben in die königlichen Gemächer gefahren wurde. Seine mehrspännigen Kutschen oder Schwanenbarken ließ er für nächtliche Ausfahrten illuminieren, und in der Venusgrotte, die der Bühnenbildner August Dirigl in Linderhof als Mischung aus der blauen Grotte von Capri und der Venusgrotte aus der Wagner-Oper *Tannhäuser* entworfen hatte, ließ Ludwig sich in einem Muschelkahn durch die Scheinwelt fahren, während die bemalten Wände in einer minutiös geplanten Inszenierung in farbiges Licht getaucht wurden. Ludwig engagierte Heerscharen von Technikern und Elektrikern, ließ unentwegt entwickeln, testen, umsetzen. Dass dabei auch mal was in die Hose ging: kein Thema. Schließlich war auch nicht jeder BMW ein Knüller ...

## Führungskompetenz

Je älter Ludwig wurde, desto eigenbrödlerischer wurde er. Besonders München konnte er irgendwann nicht mehr haben, nur Banausen würden dort leben, klagte er. Ihn zog es aufs Land, was dazu führte, dass seine Untertanen sich mehr und mehr über ihn lustig machten. Außerdem lachten sie über seinen weit ausladenden Schritt, den Ludwig sich für die wenigen öffentlichen Auftritte angewöhnt hatte: Im Glauben, es wirke majestätisch, warf er ein Bein schwungvoll nach vorn und setzte mit Nachdruck die Fußspitze auf. Doch die Menschen fanden diesen Gang lächerlich. Hohn und Spott veranlassten den sensiblen Mann nur noch mehr dazu, sich aus der realen Welt zurückzuziehen.

Endgültig abgekapselt hat Ludwig sich, als das Gefühl in ihm aufkeimte, in einer Schicksalsfrage der bayerischen Geschichte versagt zu haben: Schließlich war er es, in dessen Amtszeit die Eingemeindung Bayerns ins Deutsche Reich fiel. Diesen politischen Akt ließ sich Ludwig zwar von Reichskanzler Otto von Bismarck teuer bezahlen (von vielen Millionen ist die Rede). Doch gelitten hat Ludwig unter dem Identitätsverlust seiner Heimat, wird kolportiert. Heute sind sich Historienforscher übrigens sicher: Ludwigs Leid wäre nicht notwendig gewesen; das Deutsche Reich hätte sich Bayern so oder so einverleibt.

Ein starker, unbeugsamer Regent war Ludwig II. sicher nicht. Minuspunkte gibt es beim Selbstvertrauen, bei Durchsetzungsvermögen und Sozialkompetenz. Und aus dem Schmollwinkel heraus lässt sich ein Königreich nicht regieren.

## Das Desaster mit dem Diridari

Wenn Ludwig etwas konnte, dann bauen. Über all die Jahre trieb er Bataillone fleißiger Arbeiter zu immer neuen Höchstleistungen an. Seine Schlösser ließ er in verschiedenen historischen Stilen erbauen und stattete sie bestens aus – mit Zentralheizungen, zum Beispiel, die es bis dahin kaum gegeben hatte. In den Gegenden, wo Ludwig seine Schlösser errichten ließ – und häufig nur da –, liebten ihn die Menschen dafür. Schließlich gab es dadurch Arbeit und einen gewissen Wohlstand in den strukturschwachen Regionen im Chiemgau, Garmischer Land oder Allgäu.

Allerdings kam Ludwig irgendwann jegliche Vernunft abhanden, wenn es darum ging, seine Projekte voranzutreiben. »Sage ihm, dass die Bauten mir die Hauptlebensfreude sind, dass ich, seit alles schändlich stockt, ganz unglücklich bin, an Abdanken, Selbsttötung stets denke … Mein Lebensglück hängt davon ab«, drohte er in einem Brief vom 11. Mai 1886 an den Verwalter der Staatskasse. Dieser jedoch – und zunehmend auch alle anderen, die Ludwig um Finanzspritzen bat – blieb skeptisch. Und da der König seinerseits nicht von seinen Bauplänen abrücken wollte und auch seine neuen Projekte kaum mehr nachvollziehbar waren, haben sie ihm schließlich den Geldhahn zugedreht. Da kennt er nämlich nix, der Bayer. Dass Ludwig für seine architektonischen Orgasmen das Geld inflationär zum Fenster rauswarf, wird selbst heute kaum ein Bayer gutheißen – der nämlich »hoit's Diridari zamm«. Dem heutigen Steuerzahler wäre ein Ludwig II. kaum vermittelbar.

Fassen wir Ludwig also einmal zusammen: Wir haben hier einen Menschen, der sich mit Schönem umgab und sich selbst für einen Schönen hielt, obwohl er es vielleicht schon gar nicht mehr war; einen Menschen, der sich fernab von den anderen der Musik und der Kultur hingab, die Banalität des Lebens nicht ertragen konnte und sich eine eigene Welt nach seinem Ideal schuf.

Kommt Ihnen so ein Mensch nach der bisherigen Lektüre dieses Büchleins vielleicht bekannt vor? Erinnert Sie das vielleicht … an einen Bayern?

Sollte das so sein, dann liegen Sie sicher nicht falsch. Denn Ludwig war vielleicht der bayerischste aller bayerischen Könige. Und die Erhöhung Ludwigs zu Bayerns stattlichem Superkönig liegt wohl an der latenten Sehnsucht der Bayern nach dem geordneten Irrationalen. Diese Sehnsucht wabert durch die bayerische Seele und umfasst alle Bereiche: die Liebe, das Leben und eben auch den Staat und dessen Führung. Und so kommt es, dass die Bayern diesen Ludwig rückblickend verklären und von allen Königen am meisten lieben.

Sollte die Wissenschaft also – was der technikaffine Märchenkönig sicher begrüßen würde – irgendwann einmal eine Reinkarnation möglich machen, wäre er sicherlich derjenige, den der Bayer am ehesten auf den Thron zurückholen würde.

Bis es so weit ist, regeln Politiker das Leben im Freistaat. Und das auf unnachahmliche Art und Weise.

# Hotline zum Herrgott

## Götterminimierung in den Wäldern:
## Wead scho ned schadn!

»Nix gwiss woas ma ned«, sagt der Bayer. Und wenn man eben nichts Gewisses weiß, versucht man, sich anderweitig in Bezug auf das eigene Tun und Sein rückzuversichern. Man spekuliert, man mutmaßt oder – so hält es der Bayer – man glaubt. Nach dem Motto: Wenn ich nichts weiß, dann glaube ich eben.

Der Bayer glaubt, so heißt es, er sei in der Evolution ganz oben angesiedelt. Und dass das Paradies einst in Bayern lag. Und da Gott mit diesem Paradies sein Meisterstück abgeliefert hat, glaubt der Bayer natürlich auch an ihn.

Freilich hat der Bayer zum Glauben – womit in allererster Linie immer noch der katholische Glaube gemeint ist – ein zwar inniges, aber auch sehr pragmatisches Verhältnis: Gottergebenheit geht einher mit einer gewissen in sich ruhenden Wurschtigkeit gegenüber den gegebenen Zuständen. Dieser Pragmatismus ist typisch für den Bayern, er entspricht seinem Charakter, das Leben eben so zu nehmen, wie es kommt, und sich darauf einzurichten. Es ist dabei so, dass der Bayer extrem effizient und nervenschonend auf gewisse Umstände reagiert, die er in seinen Augen ohnehin nicht ändern kann. »A Guada hoits aus«, sagt er, »Ein Guter hält es aus«. Und ergänzt dann: »Und um an andan is eh ned schad.« (»Um einen anderen ist es ohnehin nicht schade.«)

Im Prinzip glaubt der Bayer also an das Darwin-Prinzip: Die Guten kommen ins Töpfchen und überleben, die Schlechten »soin schaugn, wos bleim«, können also gewissermaßen bleiben, wo der Pfeffer wächst – und das ist nicht Bayern.

## Der liebe Gott ist ein Taschenmesser

Wenn Sie das schöne Bayern besuchen, wird Ihnen schnell auffallen: Das Land ist fest in Gottes katholischer Hand. Nirgendwo sonst ist die Kirchen-, Kloster-, Kreuzes- und Kapellendichte höher als in diesem Landstrich. Orte zum Glauben gibt's für den Bayern also zuhauf.

Da ist die schwarze Madonna, eine Holzstatue, die seit fast 700 Jahren in der Gnadenkapelle des Wallfahrtsortes Altötting steht und für so manche Wunderheilung verantwortlich sein soll. Da sind die Blutreliquien in der barocken Klosterkirche von Andechs oder der Stephansdom von Passau, in dem die größte Kirchenorgel der Welt steht. Und natürlich gibt es jede Menge Heilquellen, aus denen zwar mitunter schnödes Leitungswasser sprudelt, was ihrer angeblichen Wunderwirkung freilich keinen Abbruch tut.

Es gibt so viele magische Orte in Bayern, an denen das Licht des Herrn erstrahlt, man kann sie gar nicht aufzählen.

Jetzt würde die Physik ja eigentlich vorgeben, dass dort, wo so viel Licht ist, eben auch die Schatten lang sind. Anders formuliert: Wenn es so viele Kirchen gibt, muss es doch auch eine Menge zu beichten geben …

Doch wie es sich in sündigen Angelegenheiten verhält im frommen Fleckerl Bayern, wissen Sie bereits aus den Kapiteln über die Liebe und über die bayerische Freundschaft: Hier wie überall steckt stets ein bisschen Schein im Sein, und der steckt ja bekanntlich auch in der Scheinheiligkeit.

Viel wichtiger erscheint es an dieser Stelle einmal zu schauen, warum der Glaube für den Bajuwaren so wichtig ist, dass er ihn sogar in seine Bayernhymne gepackt hat (»Gott mit dir, du Land der Bayern«). Die Antwort ist ganz simpel: Der Glaube macht dem Bayern das Leben leichter. Wenn Sie so wollen, ist Gott das Schweizer Taschenmesser des Bayern – ein praktisches Tool, das vieles erleichtert: das Schicksal, die vielen Ungereimtheiten des Lebens, Probleme und unbeantwortete Fragen – für all das und noch viel mehr findet der Bayer Heil in seinem Glauben.

Dieses Heil findet er nicht, weil er ein verklärter Träumer wäre oder gar ein weltfremder Phantast. Nein, viel einfacher und raffinierter: Der Bayer findet sein Seelenheil, weil der Glaube ihn davon entbindet, etwas wissen zu müssen. Die großen Fragen des Seins muss der Bayer nicht erforschen. Der Bayer glaubt einfach – und schon wird es wahr.

Gibt es Gott wirklich? Zackig zückt der Bayer sein Taschenmesser und klappt den Glauben heraus. Die Antwort kommt dann ohne Umschweife: »I glaub scho.«

Grundsätzlich glaubt der Bayer also. Allerdings mal weniger, mal mehr.

Vor einigen Jahren glaubte er sogar richtig viel; das war zu der Zeit, als einer der ihren – Kardinal Joseph Ratzinger – »Papa Ratzi« wurde. Durch Papst Benedikt fühlten sich viele Bayern mit einem Schlag noch gläubiger als ohnehin schon. In Rom schwenkten sie weiß-blaue Fahnen, und »dahoam«, auf der anderen Seite der Alpen, aßen sie Papst-Torte und riefen begeistert »Benedetto«.

So weit ist's heute nicht mehr her mit dem bajuwarischen Glaubensbekenntnis. Verwundern darf das nicht – es ist ja nicht so, dass Benedikt nach acht Jahren im Vatikan dem Freistaat einen besonders prägenden Stempel aufgedrückt hätte. Nur sein Rücktritt hatte eine typisch bayerische Komponente: Okay, Leute, hat er gesagt, ich pack's nicht mehr und gebe meinen Job zurück. Dafür gebührt ihm Respekt.

Natürlich kommen noch andere Faktoren für die vielen leeren Kirchenbänke im Freistaat in Frage. Vielleicht trennen die Menschen einfach inzwischen mehr zwischen Gott und Kirche, deren Vertreter teils schon arg aus der Zeit gefallen zu sein scheinen. Vielleicht geht es den Bayern aber auch einfach nur zu gut. Es war ja schon immer so, dass erst dann richtig viel gebetet wurde, wenn den Menschen ihr Leben so richtig über den Kopf gewachsen war. Und mit einer Arbeitslosenquote von 3,9 Prozent und einem Bruttoinlandsprodukt von 550 Milliarden Euro scheint Bayern momentan nicht unbedingt auf himmlischen Beistand angewiesen zu sein.

Dazu kommt sicher noch etwas anderes: Früher konnten die irdischen Repräsentanten der himmlischen Mächte auf die uneingeschränkte Solidarität der Politik zählen. Für den einstigen Landesvater Franz Josef Strauß bildeten Politik und Kirche noch eine Einheit, kurz vor wichtigen Wahlen erinnerten viele bayerische Pfarrer ihre Gemeinden daran, welche Partei ein C im Namen führte. Im Gegenzug hätte sich unter Strauß kein CSU-Mitglied getraut, der katholischen Kirche unangenehme Fragen zu stellen. Heute geht das schon.

Übrigens wäre der Gegenwind für den Glauben noch ein wenig schärfer, gäbe es da nicht dieses spannungsmildernde, beruhigend schäumende Nationalgetränk. Bier und Religion gehören in Bayern zusammen, seit Mönche in grauer Vorzeit anfingen, das flüssige Brot zu brauen.

Mein Kollege, der Kabarettist Gerhard Polt, hat bereits darauf hingewiesen, dass die Dreifaltigkeit im Freistaat eigentlich eine Vierfaltigkeit wäre: »Unser Bier« ist mit unserem Glauben auf das Innigste verbunden. Und zwar aus kultureller Verantwortung heraus. Im Gegensatz zu diesen Minderheiten, die eine Religion haben, die das Bier verbietet, sind wir stolz, eine Religion zu haben, die das Bier sogar selber braut.« Ich denke, dem ist nichts hinzuzufügen.

Bei allen Schwierigkeiten, mit denen der Bayer beim Glauben inzwischen zu kämpfen hat, ist er natürlich weit davon entfernt, als Atheist unter lauter Atheisten zu leben. Grundsätzlich kann der liebe Gott schon eine ganz ordentliche Präsenz vorweisen im Freistaat. Allerdings: Das für den Bayern vermutlich recht profane Wort »Gott« werden

Sie nur selten zu hören bekommen. Meist spricht der Bayer vom »Herrgott«, was erstens höflich ist und zweitens die unantastbare Autorität der himmlischen Macht gewährleistet. (Dass durch die Voranstellung des »Herr« unmissverständlich signalisiert wird, Gott könne niemals eine Frau sein, ist sicherlich eine zufällige, jedoch für den gläubigen Bayern nicht unangenehme Begleiterscheinung.)

Da das Göttliche im bayerischen Bewusstsein eine derartig wichtige Stellung einnimmt, verwundert es nicht, dass es im Vokabular omnipräsent vertreten ist.

## Der Bayer spricht Gott

– »Grias God« (für: Grüß euch Gott) oder »Pfia God« (für: auf Wiedersehen) baut der Bayer gerne in Begrüßungs- und Verabschiedungsformeln ein. Dass in den Grußformeln das Wort »Gott« am Ende steht, verstößt gegen eine Regel des deutschen Satzbaus. Grammatikalisch richtig wäre eigentlich: »Gott grüße euch« oder »Es grüße euch Gott«. So kommt es, dass Witzbolde – zu denen Sie bitte nicht gehören! – auf ein »Grüß Gott« manchmal mit »Ja, wenn ich ihn sehe« reagieren. Schließlich ist »Grüß Gott« keine Aufforderung, sondern ein frommer Wunsch.

– »Vergelt's Gott« verwendet der Bayer, um danke zu sagen. Ein profanes »Danke« wäre ihm zu nüchtern und unbedeutend.

– »Um Godswuin, wia kimmst denn du dahea!« bringt Verwunderung oder sogar Entsetzen zum Ausdruck. »Um Gottes willen, wie kommst denn du daher«, sagt der Bayer zum Beispiel, wenn seine Frau sich zum Abendessen im Wirtshaus um die Ecke zu sehr in Schale geworfen hat.

– »Haggod!« (für: »Herrgott!«) ist ein Ausruf, der deutlich macht, dass sich der Bayer über etwas richtig ärgert. Ähnlich gelagert ist »Herrschaftszeiten!«. Wichtig zu wissen ist, dass Gott mit beiden Ausdrücken nicht beleidigt wird. Der Ausruf ist eher als kleines Anstupsen zu verstehen, Gott möge doch so nett sein, dabei zu helfen, das die Seele quälende Ärgernis aus der Welt zu schaffen.

– Ein »Herrgottschnitzer« ist jemand, der religiöse Figuren schnitzt. Einem solchen hat Ludwig Ganghofer sogar einmal ein ganzes Volksstück gewidmet, nämlich den *Herrgottschnitzer von Oberammergau*.

– Der »Herrgottswinkel« ist ein Eck in der (bäuerlichen) Wohnstube, in der das Kruzifix hängt.

– Schließlich gibt es noch den sogenannten »Bauernherrgott«. Diesen Beinamen hat man dem heiligen Leonard verpasst, der ursprünglich der Patron der Gefangenen war, weswegen er als Figur oder auf Abbildungen immer eine Kette in der Hand hält. Über die Jahrhunderte hinweg wurde diese jedoch als Viehkette umgedeutet – und

Leonard um 1895 herum zum Schutzheiligen von Kühen, Pferden und Ochsen.

Bemerkenswert am Beispiel vom heiligen Leonard ist übrigens, dass der Bayer zwar einen engen Draht zu Gott hat, jedoch meist mit seinen Vertretern – also gewissermaßen mit der zweiten Führungsebene – in Kontakt ist. Dies können die Kirchenvertreter sein (wobei, wie erwähnt, dieser Austausch in den letzten Jahren ein wenig nachgelassen hat) oder aber die vielen bayerischen Heiligen, die um Hilfe und Beistand gebeten werden. Der Bayer geht vermutlich davon aus, dass die Heiligen näher dran sind am großen Chef und so seine Bitten (der Dank natürlich auch!) schneller nach oben durchgereicht werden.

Da gibt es zum Beispiel den bereits erwähnten heiligen Korbinian, der predigend durch die bajuwarischen Wälder zog und den katholischen Glauben so erfolgreich unter die Bayern streute. Er hat das störrische Bergvolk missioniert und soll darüber hinaus auch sonst ein ganz schneidiger Kerl gewesen sein. So ist überliefert, dass Korbinian auf einem seiner Wege einen wilden Bären gezähmt und zu seinem Lasttier gemacht habe.

Auf der irdisch-göttlichen Zwischenebene tummeln sich übrigens nicht nur Männer – was mich dazu bringt, einmal aufzuräumen mit dem Vorurteil, der Bayer würde weibliches Führungspersonal grundlegend ablehnen. Diese distanzierte Haltung gilt vielleicht für den Chefsessel, doch direkt darunter kommt das schönere Geschlecht schwer zu Geltung. Die Stars sind die Heilige Maria als Mutter Gottes – es gibt in fast jeder oberbayerischen Stadt einen Marienplatz – und die »Patrona Bavariae«, also die Schutzpatronin der Bayern. Doch neben solch kosmischer Prominenz gibt es noch andere, außerhalb Bayerns wohl weniger bekannte Frauen mit religiöser Führungskompetenz: zum Beispiel die heilige Walburga, die im 8. Jahrhundert allerhand Wundersames vollbrachte (unter anderem soll sie im fränkischen Kloster Heidenheim ein Kind mit drei Ähren vor dem Hungertod bewahrt haben) oder die exotische Afra, Tochter des Königs von Zypern, die als Flüchtling – ja, damals war das ohne weiteres möglich – nach Bayern kam und in Augsburg ein Bordell eröffnete. Dennoch ließ sie sich von einem Bischof bekehren und nahm den katholischen Glauben an. Ob der Bischof in geschäftlichem Kontakt mit Afra stand, ist nicht überliefert ... Und hatte auch keinen Einfluss auf Afras Schicksal, die, weil sie dem Christentum nicht abschwören wollte, am Ende des 3. Jahrhunderts von den Römern hingerichtet wurde. Seitdem gilt sie als eine der frühen christlichen Märtyrerinnen und ist noch heute die Schutzpatronin von reuigen Prostituierten und Büßerinnen.

Sie sehen, so weit her ist es gar nicht mit der vielerorts unterstellten bayerischen Engstirnigkeit. Geht es um sein Seelenheil, verhandelt der Bayer mit Männern und Frauen. Und wenn er denkt, dass alle Leitungen nach oben gekappt sind, gibt es Bayern, die anarchisch genug sind, mit dem Teufel zu kooperieren. Wirklich hübsch kann man das nachlesen im *Brandner Kaspar* von Franz von Kobell. Es geht darum, dass Kaspar den Luzifer – in dem Stück heißt er »Boandlkramer« – mit Kirschgeist betrunken macht, als er ihn holen will, und ihm beim Kartenspielen ein paar weitere Lebensjahre abschwindelt. Wenn Sie einmal Zeit haben sollten: Der *Brandner Kasper* ist seit vielen Jahren ein Dauerbrenner am Münchner Volkstheater, der einen recht aussagekräftigen Blick in die bayerische Seele gewährt.

Und ich? Ja, auch für mich ist Gott wichtig. Und ich bin sicher, dass es ihn gibt. Aber für mich ist er nicht zwangsläufig der gütige alte Mann mit dem weißen Rauschebart. Manchmal kommt Gott auch ein bisschen anders daher. Zum Beispiel als Indianer mit Dentalproblemen, der in einem Wohnwagen in der Wüste von Arizona haust …

## Mein roter Freund Hawk

2003 hätte es mich fast erwischt: Ein heftiger Motorradunfall – und plötzlich war in meinem Leben nichts mehr so, wie es vorher einmal war. Meine gesamte linke Körperhälfte war gebrochen, Schulter, Rippen, Brustbein, Oberschenkel und Kiefer – der Diagnosebericht war seitenlang.

Als ich im Krankenhaus wieder aufwachte, war meine erste Frage: Kann ich je wieder Motorrad fahren? Eigentlich wollte ich aber wissen, ob mein Bein noch dran ist, weil ich das am Unfallort nicht mehr sehen konnte. Meine Frau Djamila beruhigte mich. »Wird schon wieder«, sagte sie tapfer. Als meine Frau und die Ärzte dann weg waren und ich nachts alleine dalag, habe ich mir gedacht: Wolfgang, du hast jetzt ein Problem. Das musst du wieder hinkriegen – und du wirst es hinkriegen. Es würde schon alles wieder gut werden.

Doch erst einmal wurde nichts gut. Im Gegenteil. Zwei Jahre konnte ich nicht richtig arbeiten und hatte immer wieder Schmerzen. Dazu kamen schwere Durchblutungsstörungen. Und die Angst, immer wieder die Angst – vor der Zukunft, und vor der Gegenwart sowieso.

Ein Freund brachte mich schließlich zu einem Medizinmann: Hawk! Er ist ein Cheyenne-Indianer aus Tombstone, Arizona, und dürfte mittlerweile Mitte Siebzig sein, so genau weiß man das nicht bei ihm. Jedenfalls hat Hawk nicht mehr viele Zähne im Mund und wohnt in einem Wohnwagen in der Wüste. Sein Geld verdient er mit Pferdezucht.

Da saß ich nun also bei diesem Indianer – eine Situation, surreal wie ein Duett von Helene Fischer und AC/DC. Wir tranken Kaffee, aßen Donuts, die ich mitgebracht hatte, und plauderten über Belanglosigkeiten – bis Hawk zu mir sagte, ich solle mich hinlegen und die Augen schließen.

Nachdem ich das getan hatte, berührte Hawk mich an einigen Stellen meines Körpers – ich spüre seine knochigen Finger noch heute. Ganz unvermittelt trat der Medizinmann dann einige Schritte zur Seite – und übergab sich. Genauer gesagt, hat er sich die Seele aus dem Leib gekotzt; offenbar hatten sich meine schlechten Energien auf ihn übertragen.

Als er halbwegs wiederhergestellt war, sagte er zu mir: »Wolfgang, das war ziemlich übel. Ich habe gesehen, dass du Schmerzen hast. Doch es wird bald aufwärts gehen mit dir.«

Schau ma mal, dachte ich mir später auf dem Weg zurück nach Hause – doch schon da begann ich, mich deutlich besser zu fühlen. Als ich kurz anhielt, um mir die Beine zu vertreten, spürte ich wieder ein Kribbeln in meinen Zehen – zum ersten Mal nach unendlich langer Zeit! Ich werde nie vergessen, wie dankbar ich dafür war, wie glücklich.

Noch sechs weitere Male bin ich anschließend zu Hawk in die Wüste gefahren, um mich behandeln zu lassen. Dann ging es mir wieder gut, ich war geheilt – körperlich und geistig. Die quälenden Schmerzen waren weg und auch die Depressionen, die mich wie böse Geister nach dem Unfall verfolgt hatten.

Was dagegen geblieben ist bis heute, ist die Freundschaft mit Hawk. Ein von ihm geweihter Kristall hängt in meinem Arbeitszimmer, manchmal baumelt er auch in einem Lederbeutel um meinen Hals. Beruflich vertraue ich meinem Medizinmann ebenfalls. Wenn ich ein neues Drehbuch auf den Tisch bekomme, kann's schon passieren, dass ich ihm das Skript schicke und höre, was er dazu zu sagen hat. Hawk kann kein Deutsch, er kann die Drehbücher also nicht lesen. Er legt nur die Hand darauf und kann mir dann sagen, ob ich mich für die Rolle entscheiden soll oder nicht.

Erstaunlich, dass ein Bayer sich Hilfe von einem indianischen Medizinmann aus Amerika holt, oder? Andererseits: Wenn man so einen Einschnitt im Leben hinter sich hat wie ich, dann weiß man ganz genau, dass das Diesseits eine recht temporäre Angelegenheit ist und das Jenseits stets irgendwo lauert.

Es empfiehlt sich also – und das gilt nicht nur für Bayern –, stets auf sich aufzupassen. Und es empfiehlt sich vielleicht auch, den guten Draht nach oben niemals ganz zu verlieren. Dabei spielt keine Rolle, ob es Gott ist, der die helfende Hand reicht, oder ein fast zahnloser Medizinmann.

# VII.

# Instandhaltung & Fehlersuche

## Warum der Bayer reisen muss

Glücklich ist der Bayer nur daheim. Das sagt man zumindest und untermauert dies zuallererst einmal mit der Vermutung, dass für ihn Glück und Heimat seit jeher schon untrennbar miteinander verbunden sind. Wem dies als Argument nicht reicht, der führt noch das Streben nach Sicherheit an, das den Bayern dazu veranlasse, das angestammte Terrain kaum einmal zu verlassen.

Mein Berg, meine Stadt, meine Kirche, mein Sportplatz – hier kenne der Bayer sich schließlich aus, hier sei er sicher vor der bösen weiten Welt.

So kann man natürlich argumentieren – tut damit aber vielen Bayern unrecht, und zu denen gehöre ich. Denn für viele Bayern ist Heimat nicht unbedingt nur ein Ort, sondern manchmal auch ein Gefühl, das man im Herzen trägt, wo immer man sich gerade auch aufhalten mag.

Das hat durchaus seine Vorteile. Denn von Zeit zu Zeit stellt sich bei manchem Bayern eine Art heimatliche Übersättigung ein. Dann hat er die Nase voll von Nadelwald und

Voralpen, saftigen Almwiesen und Zwiebelkirchtürmen –
dann stellt sich beim Bayern eine gewisse Reiselust ein.

Er packt also seine Siebensachen zusammen und bricht
auf: nach Mallorca zum Beispiel, weil ein gesunder Teint ja
nie schadet; oder zur Schwiegermutter in den Schwarzwald,
weil dort das Wetter meist eine Spur besser ist und er der
alten Dame eh schon länger keinen Besuch mehr abgestat-
tet hat. Es kann sogar sein – manchmal kennt die Aben-
teuerlust wirklich keine Grenzen –, dass es ihn samt Familie an die Ostsee zieht, etwa nach Rügen (dort kenne ich
mich von früher her noch sehr gut aus …); dort ist zwar das
Wetter meist schlechter, aber es gibt Strandkörbe, die wunderbar zum Faulenzen einladen. Andere Bayern wählen für
ihre Reisen wirklich weit entfernte Ziele; manche von
ihnen liegen sogar außerhalb Europas, so etwas nennt der
Bayer dann oft »Weltreise«.

Der Bayer kann dabei im Bewusstsein losziehen, dass der
bajuwarische Geist fast auf der ganzen Welt weht; bayerisches Brauchtum scheint die Eigenschaft zu besitzen, sich
überall fast automatisch zu verbreiten: Es gibt etwa ein
Hofbräuhaus in Schanghai, Oktoberfeste in New York und
Denver und in Südamerika Dörfer, die aussehen, als seien
sie aus dem Alpenraum ans andere Ende der Welt gebeamt
worden. Manch ein Bayer reist auch gerne nach Mallorca,
um dort die Disko »Oberbayern« zu besuchen, wo die Be-
dienungen Sepplhüte tragen und schon das Schild über
dem Eingang das Motto verspricht, das der vagabundieren-
de Bajuware hier in der Fremde zu erwarten hat: »Täglich
Stimmung mit Tanz und Band«. Das ist dann wie Wiesn

und Strand und Urlaub, ein potenziertes Glücksgefühl …
Ich dagegen gehöre eher zu den Bayern, die es etwas ruhiger mögen und dafür bereit sind, etwas weiter zu reisen – am liebsten nach Amerika. Die Liebe zu den Staaten, die hat sich bei mir schon recht früh entwickelt …

## Von Resi und den tanzenden Indianern

In den 60er Jahren habe ich eine Lehre als Feinmechaniker gemacht. Diese habe ich zwar abgeschlossen, aber dann doch recht schnell gemerkt, dass ich es mit diesem Beruf nicht viel weiter schaffen würde als bis zur Werkbank nebenan. Das erste Fernweh schlich sich ein, wurde stärker, forderte – ich wollte raus in die Welt. Gleich als ich mir genug Geld zusammengespart hatte, um mit dem eigenen Motorrad nach Amerika fliegen zu können, war ich weg – für ganze drei Monate. Als das Loch im Portemonnaie spürbar wurde, habe ich auf Farmen die Zäune repariert und Heu umgeschichtet. Sieben Dollar die Stunde gab's dafür – und das Gefühl von unendlich großer Freiheit noch obendrauf.

Seit dieser Zeit hat mich die Magie Amerikas nie mehr losgelassen. Irgendwann – wenn ich mich richtig erinnere, war es 1994 – haben wir sogar ein Haus dort drüben gekauft, in Scottsdale, Arizona. Seitdem pendeln wir zwischen Bayern und Arizona hin und her. Und ich bin so etwas wie ein Bayer in Amerika. Oder ein Amerikaner in Bayern, je nachdem, wie man es sehen mag.

In Arizona gibt es 29 Indianerreservate, die beiden größten Stauseen der Welt und natürlich den wahrlich beeindruckenden Grand Canyon. Unser Haus im nördlichen Scottsdale – eine Art Vorstadt von Phoenix mit über 200 000 Einwohnern – liegt wirklich recht lauschig. Abends toben bei uns Kojoten und Wildschweine mit ihren Jungen durch den Garten und ein verrückter Roadrunner (ein Wüstenvogel, der verdammt schnell rennen kann). Wenn es im Sommer heiß ist – und damit meine ich 50 Grad heiß –, klappert auch schon mal eine Klapperschlange unter einer Kaktee. Ab und zu schauen sogar ein paar sonst eher scheue Bob Cats (Luchse) vorbei.

Kaktee hier, Krokus dort. Klapperschlange hier, Kröte dort – was Flora und Fauna betrifft, ist dieses rot-weiß-blaue Paradies nicht wirklich mit dem weiß-blauen in Bayern zu vergleichen. Wenn Sie so wollen, fehlt in Bayern das Rote – also das Heiße, Hitzige. Und auch die Menschen hier in Arizona sind ein wenig anders – offener und herzlicher, zumindest auf den ersten Blick. Andererseits muss man auch sagen, dass die Nice-to-meet-you-Mentalität vermutlich nicht immer ganz ehrlich gemeint ist; dass sie auch Attitüde ist und nicht nur Ausdruck höchster Freude, die sich beim verabredeten Dinner im Restaurant ebenso einstellt wie bei der zufälligen Begegnung an der Mülltonne.

In Sachen Sport nehmen sich Bayern und Arizona nicht viel: Rafting, Hiking, Biking, Wassersport, Golfen und Wandern, das geht hüben wie drüben recht gut. Allerdings punktet Arizona ganz klar beim Motorradfahren. Wer einmal die Scenic Route über Cave Creek Richtung Sedona durch den Red Rock Canyon gefahren ist oder in den Süden nach Tucson an den haushohen Saguaro-Kakteen vorbei, wird diese beeindruckenden Landschaften nie mehr vergessen; das ist, wie wenn Sie das erste Mal vor dem Watzmannmassiv in Berchtesgaden stehen und um Worte ringen, die das beschreiben, was Sie gerade empfinden …

Auf einer meiner Harley-Touren ging es mit ein paar Kumpels nach Rapid City in South Dakota. Das sind mehr als 2000 Kilometer, und es wurde einer der unvergesslichsten Trips meines Lebens. Endlose Straßen und Staub. Brütend heiß am Tag und bitterkalt nachts. Wer hier mit dem Motorrad unterwegs ist, cruist durch ein Abenteuerland. Hier in Arizona gibt es unfassbare Sonnenaufgänge über der Wüste. Es gibt würzige Wildwest-Steaks, es gibt noch echte Cowboys, die in urigen Kneipen – das sind teilweise wirklich nur grob zusammengezimmerte Bretterbuden irgendwo in der Pampa – nach einem harten Tag ein kühles Bier in die Kehle kippen.

Als wir irgendwann in Rapid City, der »Stadt des schnellen Wassers«, angekommen waren, lernte ich dort Todd Gikling kennen. Todd ist der Sohn des örtlichen Harley-Davidson-Händlers und mittlerweile ein echter Freund. An meinem letzten Abend schlug er vor, meinem Trip einen würdigen Rahmen zu geben und ihn im »German Beer Tent« auf der Western State-Fair, einer großen Cowboy-Messe, ausklingen zu lassen. Nun, was soll ich sagen, es wurde ein Abend, an dem ich den wehenden Geist Bavarias in der Fremde spürte wie niemals zuvor …

Frisch rausgeputzt setzte ich mich in ein Taxi und fuhr

zum Volksfest. Ich überquerte die Festwiese, die ein bisschen staubiger war als die in München, und als ich sie gerade betreten wollte, diese Bastion bayerischen Brauchtums, da hörte ich es: Blasmusik. Und dann: eine vertraute Melodie, gespielt auf einem Akkordeon, die ich kenne wie keine zweite.

Da stand ich, rund 10 000 Kilometer von Bayern entfernt, am Eingang eines Bierzelts in Süddakota und hörte, wie die Band meinen großen Hit spielte: »Resi, i hol di mi'm meim Traktor ab« …

Kurz darauf kam auch schon Todd, und wir gingen zu unserem Tisch. Ich erzählte ihm, dass der Song, den die Band da gerade zum Besten gegeben habe, von mir war – und er hatte die bahnbrechende Idee, dies den Jungs auf der Bühne gleich brühwarm zu stecken.

Was folgte, werde ich nie vergessen: Ich wurde nach oben gebeten, und da stand ich als Bayer dann in Cowboytracht aus Jeans und Holzfällerhemd neben den Bandmitgliedern aus Chicago, allesamt alpenländisch gewandet mit Lederhose und Gamsbart auf dem Hut. Ich wurde vorgestellt – ein bisschen waren meine Knie dabei schwammig. Dann sang ich meine Resi, im Originaltext natürlich. Ich sang sie einmal, zweimal, dreimal, danach habe ich aufgehört zu zählen. Und während ich sang, tanzten und jubelten vor der Bühne echte Cowboys und Ureinwohner ob dieser bayerisch-amerikanischen Verbrüderung.

Es ist erstaunlich – oder vielleicht doch nicht? –, wie viele Menschen Bayern kennen. Liegt es an den Autos und Motorrädern, die hier gebaut werden? Am Bier, das gebraut wird? Das waren die Gedanken, die kurzzeitig meinen Kopf fluteten, die jedoch genauso schnell verschwanden, wie sie gekommen waren. Was an ihre Stelle trat, war Stolz.

Ja, ich war stolz an diesem Abend, unfassbar stolz, und ich glaube mich zu erinnern, dass es einen Moment gab, an dem mir eine kleine Träne im Auge stand. Na ja, vermutlich ist mir nur etwas ins Auge geflogen ...

Jetzt werden Sie vielleicht sagen, na gut, so etwas passiert halt mal, dieses Aufeinandertreffen von Wildem Westen und weiß-blauem Wohlfühlgefühl, das war nichts als ein Zufall. Und Sie haben natürlich recht, genau das war es: ein Zufall. Allerdings einer, der nicht von ungefähr kam. Denn eine recht enge Verbindung von Bayern und Amerikanern, diese bayerische Sehnsucht nach der »Neuen Welt«, gibt es bereits seit Jahrhunderten. Befeuert hat sie kein Geringerer als ein gewisser Buffalo Bill ...


## Himmel, Herrgott, Sacramento!

Es war 1890, als Buffalo Bill, der berühmte Büffeljäger, dort gastierte, wo heute das Oktoberfest stattfindet: auf der Theresienwiese. Die Münchner strömten in Scharen dorthin, um sich seine Wildwest-Show anzusehen. 200 000 Menschen sahen das Spektakel mit Lasso werfenden Cowboys und heulenden Indianern und der Scharfschützin Annie Oakley; sie waren derart begeistert, dass sich die Stadtoberen entschlossen, das Gastspiel sogar zu verlängern.

Die Folgen waren bald sichtbar. In München wurden

von Wildwestfans Cowboyclubs gegründet, zum Beispiel der »Velo Club Wild West«, dessen Mitglieder Kunststücke mit Lasso, Peitsche und Revolver vorführten – auf ihren Fahrrädern. Einen dieser Clubs, den »Cowboy Club München« von 1913, gibt es noch heute. Später jubelten die Menschen vor einem Hotel in München Karl May zu, der dort Vorträge hielt über Winnetou und Old Shatterhand; und wieder andere produzierten kurz nach Ende des Ersten Weltkrieges die ersten »Isarwestern«, mit bahnbrechenden Titeln wie »Der Skelettreiter von Colorado« und »Die Geier der Goldgruben«.

Es waren also viele, die den Traum von der »Neuen Welt« träumten. Einige machten ihn schließlich sogar wahr und emigrierten nach Amerika, das langsam begann, seinen Ruf als Land der unbegrenzten Möglichkeiten auszubauen. So mancher folgte dem Ruf des Abenteuers, ob Künstler, Gelehrter, Phantast oder Glücksjäger. Und natürlich waren darunter auch Leute, die sich aus Bayern aufmachten, um dem Wilden Westen im Laufe der Jahre das Wilde zu nehmen.

– Da gab es zum Beispiel *Julius Ströbel*; ein Geologe, Mineraloge und späterer Politiker, der in München Naturwissenschaften studiert hatte und nach dem Wiener Oktoberaufstand 1848 nach Amerika emigrierte. Er erwies sich als echter Westmann, der einen der legendären Planwagentrecks von Texas nach Kalifornien durch gefährliches Gebiet sicher nach Westen brachte und später ein angesehener Anwalt wurde.

– **Augusta Enders Schichanowsky** war die Tochter eines Büchsenmachers aus Forchheim, die 1887 den Polarforscher Fritjof Nansen kennengelernt hatte – was bei ihr eine nie mehr enden wollende Leidenschaft für die Arktis entfachte. Mit dem Postdampfer reiste Augusta nach New York, von dort mit der Eisenbahn nach Kanada und dann weiter nach Alaska, wo sie als Goldsucherin ihr Glück versuchte. Leider spielte die Gesundheit nicht immer mit. Unzählige Male wurde sie krank und musste jedes Mal in Bayern wieder aufgepäppelt werden. Doch wieder und wieder kehrte sie zurück und unternahm vielbeachtete Expeditionen zu den Eskimos. Bis zu ihrem Tod in Garmisch lebte sie in einem Zelt in der Wildnis nahe Seattle.

– Der Fotograf **Christian Barthelmess** aus Klingenberg am Main – also so gerade noch ein Bayer – ging 1866 nach Amerika, wurde Soldat und dann einer der berühmtesten Fotografen von Indianern, deren Bräuche, Sitten und Lebensart er dokumentierte. 1906 wurde er bei Ausschachtungsarbeiten in Fort Keogh verschüttet und starb noch am Unfallort.

– **Siegfried Fischbacher** wurde 1939 in Rosenheim geboren und war schon früh fasziniert von der Magie. Nach einer Lehre als Teppichweber sowie Jobs als Tellerwäscher und Barkeeper erhielt er sein erstes Engagement in einer noblen Unterkunft am Gardasee. Schließlich lernte er auf einem Kreuzfahrtschiff Roy Uwe Horn kennen, der ebenfalls über eine gewisse »zauberhafte« Fingerfertig-keit verfügte. Die beiden gingen in die USA, wo sie ein Paar wurden und ab den 70er Jahren gemeinsam auftra-ten. 1990 dann der Durchbruch: Durch die Premieren-show von »Siegfried & Roy« mit Löwen und weißen Tigern im Mirage-Hotel in Las Vegas katapultierten sich die beiden in den Magierhimmel. Der Rest ihrer Geschichte ist Legende – die auch nach Roys schwerer Verletzung 2003 durch einen Tiger nicht endete.

- **Rebecca Strauss** aus Buttenheim in Franken wanderte, nachdem ihr Mann das Zeitliche gesegnet hatte, 1847 mit ihren Kindern Maila, Vögela und Levi nach New York aus, wo sich bereits zwei ältere Söhne, Jonathan und Lippmann, niedergelassen hatten. **Levi Strauss** ging später nach San Francisco und eröffnete dort mit seinem Bruder Lippmann einen Kurzwaren- und Stoffhandel. 1872 erfuhr Levi von Jacob Davis, einem Schneider aus Reno, von einem Verfahren, besonders beanspruchte Stellen an Hosen durch Kupfernieten haltbarer zu ma-chen. Aus diesem Patent entstanden robuste Arbeiter-hosen, die sogenannten »Waist Overalls«. Heute heißen sie Jeans, und es sollte mich wundern, wenn es nicht auch in Ihrem Kleiderschrank ein Exemplar gäbe, auf dessen Etikett »Levi's« zu lesen ist.

- **Lola Montez**, die eigentlich Elizabeth Rosanne Gilbert hieß, wurde an anderer Stelle bereits erwähnt. Nach-dem schon so manch illustrer Fisch an ihrer Angel gezappelt hatte – König Ludwig I. war nur einer von vielen –, machte sie sich 1851 auf nach Amerika. Dort trat sie erst am Broadway auf, tanzte dann in Kalifornien; später hielt sie Vorlesungen und schrieb Schönheitsratgeber, bevor sie 1860 an einer Lungenentzündung starb.

– Auch **Elisabeth Ney**, die sich als erste Frau einen Studienplatz an der Münchner Kunstakademie erkämpfte und dann bei Ludwig II. in der Residenz wohnte, suchte ihr Glück jenseits des großen Teichs. In Amerika betrieb sie 20 Jahre lang eine eigene Ranch in Texas, bevor sie als angesehene Bildhauerin Karriere machte.

Sie sehen: Es ist nicht ganz so weit her mit dem bösen Gerücht, der Bayer sei unbeweglich und würde an seiner Heimat kleben wie Harz am Tannenbaum. Es gibt ihn durchaus, den mobilen Bayern – und dies ist auch gut so: Immerhin sorgt er durch seine Reisetätigkeit dafür, dass seine Tradition keiner regionalen Begrenzung unterworfen ist. »A rechte Freid« hat der Bayer, wenn er sein bayerisches Lebensgefühl zu Hause empfindet. Doch fast ebenso große Freunde stellt sich ein, wenn er dieses Lebensgefühl – als Kulturgut in die ganze Welt exportiert – auch an seinem Reiseziel wiederfindet. Wo auch immer.

# Bavaria auf der Wiesn

Die Bayern sind ein reiches Volk. Sie haben von vielen Dingen mehr: mehr Natur, mehr Brauereien, mehr Autobauer. Sie haben sogar – man glaubt's kaum – mehr Karneval, den sie hier »Fasching« nennen. Dieses bunte Treiben scheinen sie nämlich derart ins Herz geschlossen zu haben, dass sie sich zum Februar-Fasching gleich noch einen Spätsommer-Fasching zugelegt haben. Dieser heißt Oktoberfest und findet jedes Jahr auf der Theresienwiese in München statt.

Bei beiden Brauchtumsveranstaltungen werden Menschen an Örtlichkeiten mit teils katastrophalen hygienischen Rahmenbedingungen zusammengepfercht, um typisch bayerische Mahlzeiten und Getränke zu überhöhten Preisen zu konsumieren, das traditionelle Feiern bis zur Besinnungslosigkeit zu übertreiben und sich zu verkleiden. Der Unterschied zwischen Fasching und Wiesn ist lediglich der, dass die Menschen im letzteren Fall nicht unterschiedlich verkleidet sind, sondern alle mehr oder weniger gleich – nämlich als Bayer.

Das Oktoberfest ist das größte Volksfest der Welt. Jedes Jahr finden sich Millionen von Menschen aus allen Ländern der Erde in München ein, um beim Wiesn-Besuch zu lachen, zu tanzen, zu trinken, aber auch, um in die U-Bahn zu kotzen und an die Bavaria zu pinkeln. Regimenter von »Saußpreißn«, Italiener, Japaner, Briten und Australier und so weiter nehmen den weiten Weg auf sich, um neue Alkoholerfahrungen zu sammeln und sich dabei zu fotografieren.

Bienenfleißig werden die digitalen Mitbringsel zusammengetragen, als ein Best-of Bierseligkeit.

Mit den Ursprüngen des Münchner Oktoberfests hat das alles nicht mehr viel zu tun. Als das erste Oktoberfest 1810 anlässlich der Hochzeit zwischen Kronprinz Ludwig und Prinzessin Therese stattfand, gab es auf der Theresienwiese Pferderennen und bayerische Buben und Mädchen, die in Trachten nette Lieder sangen. Was mehr als 200 Jahre später an gleicher Stelle vonstatten geht, hätten die Gründer sicher nicht zu träumen gewagt. Dies beginnt schon damit, dass das Volksfest zwar Wiesn heißt, mittlerweile jedoch auf einem weitgehend asphaltierten Platz stattfindet. Und es endet damit, dass sich die angereiste Welt mit einem derartigen Enthusiasmus in bayerischer Lebensart versucht, dass der Bayer diese nicht mehr recht als solche zu erkennen vermag.

Falls Sie noch nie auf der Wiesn waren – die Sie bitte niemals »Wiese« aussprechen –, habe ich nun folgend einen kleinen Survival-Guide zusammengestellt, der Ihnen die wichtigsten Besonderheiten dieses sehr speziellen bayerischen Events näherbringen und Sie vor manchem Kulturschock bewahren soll.


## Feier-Verkleidung: Gehen wir doch als Bayer!

Es ist ein Phänomen, das seit rund zehn Jahren zur Realität geworden ist: Wiesn-Besucher schwören für die Zeit des Oktoberfests ihrer eigenen Individualität ab. Sie sind nicht länger Spanier, Amerikaner oder Franken – sie alle versuchen, zum Bayern zu werden. Dabei gibt es durchaus unterschiedliche Ansichten darüber, wie bajuwarisches Textil-Kulturgut zu interpretieren ist, und das gilt für weibliche wie männliche Oktoberfestbesucher gleichermaßen.

Schauen wir zuerst einmal auf das weibliche Ritualgewand. Da gibt es schon erstaunliche Abweichungen von dem, was man urtypisch bayerisch nennt. Dirndl, die knapp unterhalb des Hüftknochens enden, das vorgebundene Stallgeschürz bestickt mit Totenköpfen. Keck wippen dazu die Pippi-Langstrumpf-Zöpfe auf dem Kopf, und die Füße stecken in groben Timberland-Boots, aus denen Mickey-Maus-Socken quellen. Fast wäre man geneigt, in den entsprechenden Aufschrei der Extremtraditionalisten einzustimmen – wäre da nicht die Ihnen durch die bisherige Lektüre bereits bekannte Historie des Dirndls, das ja schon immer so etwas war wie eine Verkleidung.

Bei den Männern und ihren Lederhosen ist es ebenfalls nicht mehr weit her mit der Authentizität. Die Krachlederne gibt es aus Kunstleder, nietenbesetzt oder derart farbenfroh, dass sie auch gut auf den Christopher Street Day passen würden. Andere sind wild darauf bedacht, dass ihre Krachlederne möglichst gebraucht aussieht – und kippen sich zum Beispiel Bier auf die Hose und wischen sich die fettbesudelten Finger an ihr ab. »Cool, that's Bavarian style«, sagte einmal ein amerikanischer Freund zu mir, nachdem er seine neue Lederhose einem solch unnatürlich herbeigeführten Alterungsprozess unterzogen hatte. Jack, so heißt er, hatte dabei lediglich außer Acht gelassen, dass es inzwischen Lederhosen für Männer und Lederhosen für Frauen gibt. Eine solche, also Letztere, hatte Jack kurz vor dem Wiesn-Besuch gekauft. Mit der Begründung, dass diese Hose a) preiswerter und b) für ihn als Mann aus dem mittleren Westen nicht eindeutig als Kleidungsstück für eine Frau zu identifizieren gewesen sei. Ich frage mich noch heute, wie sich dunkelrote Lederhotpants mit grüner, alpenländischer Blumenstickerei derart fehlinterpretieren lassen. Doch genau so stand er vor mir, mit erwartungsfroh getrimmtem Siegerlächeln und zwei großen, frischen Fettflecken auf der Vorderseite der Hose, die so kurz war, dass man mit ihr auch im horizontalen Gewerbe hätte agieren können.

Jack hin, Fehlkauf her: Ein wenig kann man's schon verstehen, dieses eifrige Bestreben, den Mythos der Lederhose durch deren Verunstaltung Wirklichkeit werden zu lassen. Welches andere Kleidungsstück gewinnt schließlich erst durch Flecken an Wert?

Das Gefühl, das sich beim »Zuagroastn« einstellt, wenn er in eine Lederhose steigt, scheint so etwas zu sein wie ein »Back to the Bavarian roots«, eine letzte Reminiszenz an ein wildes, freies Leben, dem nur echte Männer – nur echte Bayern! – auf diese Weise Ausdruck verleihen. Einmal im Jahr zum Mannsbild mutieren, eine Tierhaut tragen, das Ursprüngliche spüren –, bevor es wieder zurückgeht ins »normale Leben«. Oder, wie es Jack ausdrückte: Cool, that's Bavarian style!

Sosehr man sich auch wundert bisweilen, erklären lässt sich der Trachtenspuk schon. Gemäß der Legende, wonach der Einheimische hierzulande grundsätzlich solchermaßen gewandet zum Feiern geht, glaubt wohl so mancher Gast, er müsse sich diesen Gepflogenheiten anpassen und ebenfalls in Alpenkleidung schlüpfen (oder in das, was er dafür hält). Noch entscheidender jedoch scheint die Magnetwirkung zu sein, die das Bayerische entfaltet, diese Verlockung, die aus jedem weiß-blau karierten Hemd, aus jeder Dirndlschürzenfalte zu flüstern scheint: Tracht tragen heißt Dazugehören! Lebenslustig sein wie ein Bayer, feiern wie ein Bayer – das funktioniert formvollendet scheinbar nur im Party-Outfit des Bayern. Für den eingereisten Wiesn-Besucher ist die Tracht so gesehen ein Bekenntnis und ein Versprechen zugleich.

Vielleicht hat es den bayerischen Ureinwohnern anfangs ein wenig geschmeichelt, als immer mehr Menschen angefangen haben, sie zu kopieren. Doch mittlerweile formiert sich Widerstand gegen diesen inflationären Trachtenexhibitionismus. Schließlich würde der Bayer ja auch nicht im Kilt eine schottische Bar aufsuchen oder im Kimono – nicht einmal im weiß-blauen! – ein Dampfbad in Tokio besuchen.

Drum, ob Sie es glauben oder nicht, gehen mittlerweile die meisten echten Bayern wieder lieber in normaler Freizeitkleidung auf die Wiesn anstatt in Trachten-Kostümierung. Eine andere Möglichkeit gibt's ja nicht. Heimschicken kann man die Diridari ins Land bringenden Touristen ja schlecht. Und die Wiesn abschaffen möchte man erst recht nicht. Also bleibt für den Bayern nur ein Ausweg – und zwar der, für zwei Wochen im Jahr so wenig bayerisch auszusehen wie nur irgend möglich.

## Stammesgesänge im Ameisenhaufen

Wenn es um die musikalische Untermalung auf der Wiesn geht, dann schwankt das, was in den Gehörgängen landet, irgendwo zwischen Blasmusik und Ballermann. Traditionelle Stücke wie der »Zillertaler Hochzeitsmarsch« werden von den zahlreichen Kapellen ebenso gespielt wie massentaugliches Mitgröl-Liedgut, wobei es ab einer bestimmten Uhrzeit irrelevant ist, ob der »Anton aus Tirol« besungen wird oder meine »Resi«, die ich mit dem Traktor abhole.

Erstaunlich ist, dass so manch inbrünstig intonierter Wiesn-Klassiker gar nichts mit Bayern zu tun hat. Der Hit »Fürstenfeld« zum Beispiel stammt aus Österreich, und Helene Fischer mit ihrem »Atemlos« ist, streng genommen, eine sibirische Einwanderin. Im Überschwang der Gefühle neigt der Bayer dazu, so etwas generös zu vergessen, und so wird auf Bänken (was erlaubt ist) und Tischen (was eigentlich verboten ist) getanzt und geschunkelt, was die biergefluteten Körper so eben noch hergeben.

Auch wenn Werbeplakate vom Oktoberfest friedliche Gemütlichkeit zwischen Bierbänken und Kastanien im milden Sonnenschein vorschützen: In den Festzelten geht es meist zu wie in einem schlecht organisierten mexikanischen Ameisenhaufen: drunter und drüber. Es ist auch fast so heiß da drin wie in der mexikanischen Wüste. Für Zeitgenossen, die es nicht so haben mit dem Körperkontakt zu anderen, ist so etwas die Hölle: Bis zu 6000 Feiernde pro Zelt im bierseligen Rausch, dichtgedrängt, die Hände zum Himmel …

Eines der bekanntesten Rituale verbindet die Musik mit einem Trinkspruch: Die Kapelle spielt und singt »Ein Prosit der Gemütlichkeit«, worauf die Menschen »Oans, zwoa, gsuffa« rufen und zum Bier greifen.

Alle sind dabei, alle machen mit – auf der Wiesn hat man nur die Wahl, mitzumachen oder ihr fernzubleiben. Und wer mitmachen will, wird dafür den nötigen Feiersprit aus den Münchner Brauereien benötigen.

## Vom Bier zur Banane – ein Einblick in die mögliche Wiesn-Abendgestaltung

Es scheint so zu sein, dass es in der bayerischen Kostümierung um einiges leichter fällt, alle Hemmungen fallen zu lassen – eine weitere Parallele zum Fasching. Ein Unterschied jedoch: Bier im Fasching oder Karneval trinkt man aus je nach Region unterschiedlichen Gefäßen. Auf der Wiesn trinkt man das Bier ausnahmslos aus Einliterkrügen, die »Maß« genannt werden. Dies ist eine Einheit, die sonst eigentlich keiner irgendwo kennt, die Ihnen aber unbedingt geläufig sein sollte. Bestellen Sie nämlich »ein großes Bier« – oder schlimmer noch: ein kleines –, mag es sein, dass die Bedienung Sie verständnislos ansieht und wortlos in der Menge verschwindet. Oder so richtig »zwida« wird – was bedeutet, dass sie wegen Ihrer Unkenntnis bayerischen Bestellbrauchtums eine so schlechte Laune bekommt, dass keine weitere Unterhaltung stattfindet und die Getränkeanlieferung somit ausbleibt.

Wiesn-Bedienungen haben in der Regel ohnehin nur geringe Lust auf Konversation. Sie sollen Umsatz schaffen, was das Zeug hält, sonst nichts. Bestellen Sie also einfach »eine Maß«, und alles ist okay: Die Bedienung streicht lächelnd ihr Trinkgeld ein, und Sie haben ein frisches Bier auf dem Tisch.

Dieses schütten Sie bitte nicht auf Ex hinunter; ein echter Bayer würde das auch niemals tun. Trinken Sie langsam und genüsslich und idealerweise unterstützt durch die richtige Unterlage: ein Hendl, einen Steckerlfisch oder einen Brotzeitteller. Belassen Sie es für Ihren Wiesn-Besuch bei zwei, maximal drei Maß. Mit durchschnittlich sechs Prozent Alkohol hat das Oktoberfestbier nämlich ein paar schneidige Umdrehungen mehr als normaler Gerstensaft und ist deswegen durchaus spürbar. Außerdem wäre übermäßiger Konsum in meinen Augen reine Geld-verschwendung – immerhin kostet eine Maß hier längst über zehn Euro. Das ist ein stattliches Sümmchen. Und es wird auch nicht dabei bleiben – schließlich steigt der Bier-preis Jahr für Jahr, was auch irgendwie eine Tradition ist auf der Wiesn.

Was ich Ihnen hier gerade empfohlen habe – es nämlich langsam anzugehen beim Trinken –, wird auf der Wiesn nur selten beherzigt. Die Leute stürzen hier Unmengen an Hellem herunter, rund sieben Millionen Liter waren es im letzten Jahr. Dass eine derartige Freude an flüssigem Kul-turgut nicht ohne Folgen für den weiteren Verlauf des Wiesn-Besuchs bleibt, ist nicht überraschend.

Dieser kann im schlechtesten Fall auf zwei verschiedene

Arten enden. Möglichkeit 1 ist der Abtransport auf der so-genannten »Banane«, wie die gelbe Liege mit dem Sicht-schutz heißt, die Rettungssanitäter zum Abtransport der Alkoholleichen verwenden.

Wesentlich öffentlicher gestaltet sich das Ende eines Oktoberfestausflugs, wenn dieser – das wäre dann die zwei-te Möglichkeit – auf dem berüchtigten Kotzhügel austru-delt. Denn was reingeht, kommt irgendwann auch wieder raus. Etliche Volksfestbesucher finden sich irgendwann auf einem leicht abschüssigen (und damit liegefreundlichen) Grünstreifen hinter den Festzelten wieder. Dieses inoffizi-elle Ausnüchterungsgelände trägt den ebenso inoffiziellen Namen »Kotzhügel«.

Wer so viel getrunken hat, dass er dem Delirium nahe ist, schleppt sich zombiegleich hierher. Bereits am frühen Nachmittag stapeln sich die ersten Bierleichen. Meist sind es keine Bayern, die um die Beschaffenheit dieses Fleck-chens recht gut Bescheid wissen, sondern eher ausländi-sche Gäste.

Bedingt durch die auf dem Oktoberfest vor allem abends auftretende Knappheit an Toiletten wird der Kotzhügel auch zum Wildpinkeln genutzt. Diese Kombination erklärt den wahrhaft bemerkenswerten Geruch, der diesem Ort entströmt.

Machen wir es kurz: Meiden Sie diesen Platz. Er ist »greislig«, wie der Bayer sagt – absolut scheußlich. In seiner Summe ist der Kotzhügel alles, was Bayern nicht ist.

## Zu dir, zu mir oder auf den Zeitungskasten?

Aus aller Herren Länder kommen Herren auf die Wiesn, um ihrer Libido zu frönen, in der Hoffnung, bei den Damen auf Gegenliebe zu stoßen, weil ja bei solchen Gelegenheiten »a bissl wos imma geht«.

Was dazu führt, dass sich hinter Büschen, Hecken oder Bäumen rund um den Festplatz so manches Paar spontan zum Liebhaben trifft. Ich möchte Ihnen zu diesem Thema nur Folgendes mit auf den Weg geben: Sollten Sie jemals mit ansehen müssen, wie ein grobmotorischer 1,65 m großer Seppl aus Genua eine angeschickerte Heidi beschläft, wird Ihnen die Lust auf Sex erst einmal vergehen.

## Schneewalzer in der Hochsicherheitsbox

Natürlich feiern auch prominente und berühmte Menschen auf dem Oktoberfest. Die wirklich Großen unter den Bayern treffen sich in bestimmten Zelten zu geheimen Zeiten, um echtes bayerisches Brauchtum hochzuhalten. Alteingesessene Holzbarone, gestandene Geldmagnaten und uralter Adel: In ihren klassischen Trachten sehen sie aus wie aus dem Silberrahmen über dem Kamin gefallen. Zu meinem Bedauern werden Sie vermutlich nie in den Genuss einer solch guten Gesellschaft kommen. Zu geschlossen sind diese zünftigen Zirkel, zu schwer zu finden ist das Entree in die gut getarnten Örtlichkeiten.

Was Ihnen dagegen mit relativer Sicherheit vor die Füße

stolpert, ist der eine oder andere Klatschblatt-Protagonist, den Sie zu kennen glauben, bei dem Sie jedoch nicht zwangsläufig wissen, woher. Am Fuße der Bavaria kommt nämlich so vieles zusammen, das keinen Rang hat und keinen Namen. Aktuelle und ehemalige Fußballergattinnen, Models ohne Model-Jobs, Moderatoren ohne Sendung – sie alle geben sich dem arrangierten Amüsement hin. Manche Damen vergessen bei dieser Gelegenheit gerne ihre Blusen zu Hause und werfen sich in jedes der zahlreichen Blitzlichtgewitter. Einigen Damen möchte man ein gnädigeres Licht wünschen …

Jetzt mögen sich Menschen – prominente wie solche, die es werden wollen – gerne kleiden, wie sie möchten. Ich halte das selber ähnlich. Was dagegen bisweilen irritiert, sind die Abkapselungstendenzen einiger, die am liebsten unter sich sind. Solchen Isolationsbestrebungen kommt entgegen, dass in Bayern Schutz und Sicherheit zentrale Themen des menschlichen Miteinanders – oder besser: Nebeneinanders – sind. Das gilt auch auf der Wiesn, wo dem Ensemble der Wichtigseinwoller abgeschlossene Boxen zum Feiern zur Verfügung gestellt werden. Diese dienen dazu, das neugierige Fußvolk fernzuhalten.

In der medialen Bedeutungslosigkeit versinkt hier trotzdem keiner. Die Klatschreporter und Fotografen lassen sie natürlich schon rein in die von Bodyguards bewachten elitären Boxen. Und sollte wirklich einmal ein Wichtigseinwoller an seinem Showtime-Tisch übersehen worden sein, gibt's heute ja immer noch die sozialen Netzwerke fürs Dekolleté-Selfie …

All das ist nicht immer so gewesen. Das Oktoberfest war einmal eine durch und durch bayerische Sache, an der alle bayerischen Eigentümlichkeiten sichtbar wurden. Ich erinnere mich an früher; an die Gerüche nach damals wirklich noch frisch gebrannten Mandeln, an die Gemütlichkeit in den Zelten, an die hübschen Mädchen, die am Autoskooter standen. Und ich erinnere mich natürlich auch daran, wie wir uns die Wiesnbesuche damals finanziert haben.

Gerade während meiner Zeit bei der Bundeswehr war das Geld knapp. Und so sind wir mit der ganzen Stube – sechs Mann waren das – während des Oktoberfests regelmäßig zum Blutspenden gegangen. 60 Mark gab es dafür in der Münchner Blutbank – und zusätzlich einen Tag dienstfrei. In Uniform – das war damals noch Pflicht – sind wir also ausgerückt, haben uns anzapfen lassen und den Lohn dafür kassiert. Dann ging's schnell zum Hauptbahnhof, wo wir in Schließfächern unsere Lederhosen und Hemden deponiert hatte. Ja – und jetzt verzeihen Sie einem mittlerweile 66 Jahre alten Mann seinen Wehmut –, das waren wirklich tolle Zeiten. Echter waren sie, bayerischer, wenn Sie so wollen.

Heute dagegen ist das Oktoberfest lediglich noch eine Eigentümlichkeit mit bayerischen Restreminiszenzen. Hinauszugehen, gemütlich eine Maß zu trinken und Brotzeit zu machen, das ist hier inzwischen die Ausnahme. Den größten und alkoholischsten Kostümball der Welt überlässt der Einheimische inzwischen lieber den Gästen aus aller Welt.

Darüber hinaus steht zu befürchten, dass die voranschreitende Entbajuwarisierung des Bayern bei der Wiesn nicht haltmacht.

Ähnliche Tendenzen sind bereits auf den sogenannten »Waldfesten« festzustellen …

## Event-Alkoholiker auf dem Waldfest

Der Münchner, sagt der Bayer, ist eigentlich gar kein richtiger Bayer mehr. Und der Münchner – das sagt der Bayer auch – wohnt vor allem in München, weil man von da so wunderbar aufs Land fahren kann. Das bedeutet so viel wie: Für einen Bayern ist der Münchner eigentlich ein Fremder, der draußen auf dem Land zum »Zuagroastn« wird und als solcher zu behandeln ist.

Dieses interessante Phänomen ist auf den sogenannten »Waldfesten« zu beobachten, die zwischen Juni und August an vielen bayerischen Seen gefeiert werden. Waldfeste sind so etwas Ähnliches wie die Wiesn, nur eben viel kleiner. Sie werden mit Vorliebe besucht von Münchnern, die es ab und zu mal so richtig urig und gemütlich wollen, eingebettet in ein wahres Naturerlebnis.

Nachdem er einen halben Tank lang auf einer Ausfallstraße im Stau stand und auf der Wiese eines Bauern einen nicht unbedingt legalen Parkplatz gefunden hat, reiht er sich erwartungsfroh ein in den unendlichen Lederhosen- und Dirndlzug auf dem Weg zum Festgelände. Gemeinsam trotten sie dann durch Wald und Flur, geeint vom Gedanken an die nun beginnende Auslegung bayerischen Brauchtums: das Trinken und anschließende Torkeln.

Dass die ortsansässige Bevölkerung diesen Partybesuchern mit wenig Wohlwollen begegnet, verwundert nicht. »Event-Alkoholiker«, schimpfen die Einheimischen. Oder auch »Faschingstrachtler«.

Und bleiben schließlich irgendwann ihren eigenen Waldfesten fern.

Wenn Sie erpicht darauf sind, echte Bayern kennenzulernen, dann sind weder die Waldfeste noch die Wiesn zwangsläufig der richtige Ort. Echte bayerische Mannsbilder verstecken sich, wie erwähnt, eher recht gut in den schummrigen Winkeln der Zelte oder hinter geraniengeschmückten Bauernhausfenstern. Echte Bayerinnen sind noch seltener. Da verhält es sich ähnlich wie bei Sternschnuppen: Man muss lange, sehr lange warten, bis einmal eine kommt.

Mit dem Kontakt zum authentisch feiernden Ureinwohner gestaltet es sich also ein wenig schwierig. Sollten Sie allerdings eine unterhaltsame Persiflage auf den Bayern sehen wollen, dann wissen Sie nun, wo Sie hingehen müssen. Mir bleibt in diesem Fall lediglich noch, Ihnen eine wohlbehaltene Rückkehr zu wünschen von einem solchen Ausflug, den Sie sicher so schnell nicht vergessen werden.

# Ein Sorgenkind namens München

Weltstadt mit Herz. So nennt sich München. Jeder kennt diesen Slogan.

Doch wenn wahr ist, was der Bayer über den Münchner sagt, dann stimmt das nicht unbedingt. Denn der Münchner, so meint der Bayer, sei eigentlich schon lange kein Bayer mehr – und hat deswegen vermutlich auch kein allzu großes Herz. Und ob München eine Weltstadt ist, müsse auch erst noch besprochen werden …

Das Beste wird sein, wir schauen einfach mal rein nach München. Dann werden wir recht schnell sehen, wie bayerisch die Hauptstadt der Bayern wirklich ist – und wie herzlich. Bis Ende der 80er Jahre gab es in Deutschland eine recht klare Rollenverteilung, was die beiden Städte München und Berlin betraf. Die barocke Bayernmetropole galt damals noch irgendwie als heimliche Hauptstadt. In München pulsierte das Leben – wie auch immer das aussehen mochte: in teuren Restaurants, schicken Boutiquen und draußen in der Bavaria, wo die großen Filme gedreht wurden. »Die unendliche Geschichte«, »Das Boot« – hier entstanden Blockbuster made in Bavaria.

Und dann kam die Wiedervereinigung – und plötzlich wurde die schmuddelige Frontstadt Berlin immer cooler, immer schöner, immer schicker. Internetfirmen, Kultur, Medizin, Filmbusiness, sie alle kamen hierher. Heute ist Berlin unbestritten der Place to be in Deutschland, vielleicht sogar für die ganze Welt. Wer weiß, wie lange noch, aber sei's drum.

Und München? Nun, so rasant, wie Berlin sich entwickelte, konnte die bayerische Landeshauptstadt gar nicht reagieren; über die dafür notwendige Schnellkraft verfügt der Münchner nicht. Da war er also wieder, der alte Feind – Saupreiß reloaded. Paralysiert schaute München auf das Wiedererstarken Berlins, dessen Bedeutung wuchs und wuchs.

München wusste, dass es niemals würde mithalten können mit der Kraft der alten neuen Hauptstadt. Was also tat München? Es wählte einen ausgefuchsteren Weg, das eigene Dasein geschickt zu verschleiern. Weltstadt oder nicht? Modern oder nicht? Wer weiß das schon so genau? Wenn man nicht genau wüsste, was München eigentlich ist, würde man es schon nicht grundsätzlich schlecht finden, und das war schon einmal gut. So würde sich, so hoffte man, der Unterschied zu Berlin nicht allzu spürbar darstellen.

Dies mündete schließlich darin, dass München zu einem Sowohl-als-auch wurde: Großstadt mit sieben DAX-Konzernen – und zugleich provinzielles Dorf der Gamsbartträger. Hort der Kultur – und dann doch wieder Komödienstadl. Tracht und Design, einfach nebeneinander.

München ist also immer vieles. Mal ist es so, dann wieder anders – ein Umstand, der es dem Besucher – also vermutlich auch Ihnen – recht schwierig macht, sich ein aussagekräftiges Bild zu verschaffen, das wirklich einmal Bestand hat.

# Liberalitas Bavariae in München?

Ein recht treffendes Beispiel für dieses gesellschaftliche Kaleidoskop ist sicher der exzentrische Herrenausstatter Rudolph Moshammer gewesen. In dessen Leben zeigt das München-Chamäleon seine schillernde und sonnengebadete Seite, in seinem Tod seine herzlose und kalte.

Zeitlebens hat Rudolph Moshammer vorgegeben, ein genialer Designer zu sein. In Wahrheit war er vielleicht eher ein guter – und wirklich sympathischer! – Herrenschneider, der es vortrefflich verstand, sich als exzentrischer Sonnenkönig zu inszenieren: mit König-Ludwig-Frisur und Rolls-Royce, einem Geparden, den er an der Leine Gassi führte, und einer Mutter, die violette Haare hatte. Pomp und Protz, dafür stand er – ein aufgerüschter Paradiesvogel, in dessen Boutique »Carneval de Venise« in der Münchner Maximilianstraße angeblich jede Menge prominente Zeitgenossen einkauften.

Fleißig strickte der Modemacher an der eigenen Legende aus Saus und Braus. Dem großen Auftritt blieb er treu, auch als sein Geschäft nicht mehr so brummte – er zelebrierte sich als Mosi, der König. Und als Münchner Original.

Hinter den Kulissen freilich sah es anders aus. Da machten Moshammer seine sexuellen Vorlieben und die Angst, diese öffentlich einzugestehen, zu einem einsamen Menschen. Denn er mochte Männer. Und manch andere Dinge, die nicht so recht passen zur bajuwarisch-barocken Kunstfigur, die er den dankbaren Münchnern vorführte. Das

Versteckspiel und die Show mussten weitergehen, bis zum bitteren Ende, an einem Abend im Jahr 2005, als er einen Mann mit nach Hause nahm – und mit seinem Leben dafür bezahlte.

Der Applaus nach diesem Drama blieb verhalten. Bereits kurz nach dem Tod Moshammers haben sie in München angefangen, den Lack ihres vermeintlichen Originals abzuklopfen, und zwar wuchtig. Es hatten all diejenigen ihren Auftritt, die Moshammers Schattenseiten schon immer gekannt haben wollen, und so wurde manch Intimes in die Öffentlichkeit gejagt. Ja, von der Verehrung an den Pranger – das geht schnell in München.

Einen wie Rudolph Moshammer gibt es in der Münchner Öffentlichkeit nicht mehr. Entweder tarnen sich hiesige Originale heute unter noch dickeren Schichten Camouflage. Oder sie sind bereits ganz verschwunden. Wie der Anwalt mit derart guten Spezln beim US-Militär, dass er regelmäßig auf einem Flugzeugträger Urlaub machen durfte. Oder wie der Wirt, der nach einem Seitensprung seiner Angebeteten per Kran ein Auto zur Versöhnung auf die Dachterrasse hieven ließ.

Derart unterhaltsames Bauerntheater gibt es nicht mehr. München – das ist heute vor allem Geld und Macht und sterile Bussi-Kultur. Junganwälte aus Hamburg, Unternehmensberatersöhne aus Köln, Finanzspekulanten aus aller Welt – wo immer sie auch herkommen und warum immer sie hier sind: In München leben Preißn jeglicher Art mit Bayern auf engstem Raum zusammen, rund 1,4 Millionen Menschen sind es insgesamt. Darunter sind jede Menge

Singles – genaugenommen ist es fast die Hälfte aller Einwohner –, aber kaum noch waschechte Bayern. Der Ureinwohner der stolzen Stadt an der Isar wird schon lange assimiliert, wenn nicht gar verdrängt. Mit Mieten, die Riesenlöcher ins Portemonnaie fressen. Mit importierten Sitten, bei denen es dem Bayern graust. Echt bayerisch sei hier schon lange nichts mehr, abgesehen von tourismusfördernder Volkstümlichkeit sei da nicht mehr viel, schimpft er fuchsteufelswild. Wo der Bayer früher gemütlich unter seinesgleichen und unter schattenspendenden Bäumen flanierte, nämlich im Englischen Garten, wird er jetzt gepiesackt von Rambo-Radlern, die sich rigoros ihren Weg freiklingeln; oder von aneinandergereihten Latte-macchiato-Mamis, die mit ihren exklusiven Kinderwägen durch die Grünanlagen ziehen.

Wo bleibt bei alldem der nach Gemütlichkeit strebende Bayer? Wo die vielgerühmte »Liberalitas Bavariae«, die doch immer dafür gesorgt hatte, jedem das Sein so angenehm wie möglich zu machen, also auch ihm? Sie ist zumindest derart umgemodelt, dass sie zum Freibrief geworden sei, einfach alles zu tun und nichts zu lassen – was am Ende einschließt, den Bayern aus seinen angestammten Wohlfühloasen zu vertreiben – vom Eisbach bis zum Isarstrand.

Mindestens ebenso sichtbar wird die voranschreitende Entbajuwarisierung auf Münchens wohl berühmtester Straße: der Maximilianstraße. Kommt man morgens hierher, scheint der Boulevard – 1852 von König Max II. in Auftrag gegeben – einfach nur eine Münchner Straße zu sein, die mit ihren Straßenbahnschienen und Oberleitungen fast etwas altjüngferlich wirkt. Erst um die Mittagszeit erwacht sie zum Leben. Dann führen die Besucher der Straße aus, was sie kürzlich in (den vermutlich örtlichen) Geschäften käuflich erworben hatten. Bei den Herren ist dies oft die bunte Bundfaltenhose, dazu wahlweise das zweireihige Sakko mit Goldknöpfen oder das neueste Polohemd. Die Damen tragen ein Kostüm zum glattgezogenen Gesicht und darauf eine Sonnenbrille eines namhaften Designers, während am Arm das Handtäschchen im Wert eines Kleinwagens schwingt.

Um ein Vielfaches potenziert – also wirklich München-typisch – konnte man dieses Schaulaufen noch vor einigen Jahren in einem Café an der Ecke zum Altstadtring beobachten, das von Iris Berben und ihrem damaligen Freund betrieben wurde. Dort traf man sich zum Kaffee, bevor man in den umliegenden Boutiquen die Kreditkarte zückte. Oder zum Businesslunch im kulturellen Dunstkreis von Residenztheater, Oper und Kammerspielen. Oder einfach zum Ausschau halten nach einer Braut für den Abend oder einer guten Partie.

Viele Gründe hat es gegeben, um ins Café Roma zu pilgern, das auf der Maximilianstraße so etwas war wie das Kap der Guten Hoffnung auf eine ordentliche Portion Ratschen, Schauen, Schmunzeln. Ich weiß nicht, wie oft, doch ich saß unzählige Male draußen an einem der Tische und hab mir die Leute angesehen – es war ein wundervolles Panoptikum, das bei einem meiner letzten Besuche wahrhafte Opulenz entfaltete …

Mir gegenüber, leicht schräg zur teintspendenden Sommersonne ausgerichtet, hatten sich zwei Schauspielkolleginnen platziert, die sich über die Vorzüge Marbellas unterhielten; über einen Empfang in der Villa eines russischen Öl-Milliardärs, Michail irgendwie; und schließlich – angereichert durch etliche frankophile Satzeinschübe wie »ach, ma chère, was für ein aufmüpfiges Blondchen, mon Dieu!« – über dessen blutjunge Gespielin. An einem anderen Tisch saß eine Unternehmergattin, deren schweres Silberkreuz um den Hals durch die Spargelcremesuppe baumelte und so ein todschickes Muster auf dem Cashmerepulli hinterließ. Bemerkt hatte sie es nicht – zu sehr war sie damit beschäftigt, einer Freundin via Handy vom Ereignisreichtum des bevorstehenden Tages zu berichten, der Frisörbesuch, Nagelstudio und das Wachsen der Bikinizone mit sich bringen würde. Etwas weiter hinten, im diskretesten Winkel, machte ein junger Galerist einen recht unbeholfenen Heiratsantrag. Währenddessen wurden Prachtkarossen durch die Maximilianstraße kutschiert; manchmal auch nur im Schritttempo, um die neidvollen Blicke auf den rund 530 Metern vom Altstadtring zur Residenzstraße einzuheimsen.

Kurz bevor ich an diesem Tag gehen wollte, kam ein Bus der Stadtrundfahrten vorbei, drosselte seine Geschwindigkeit vor dem Lokal und blieb kurz stehen. »Rechts sehen Sie nun das Café von Iris Berben«, wurde den Insassen mitgeteilt, und dann, als ich gerade aufgestanden war, hieß es: »Und da ist der Wolfgang Fierek ja auch.« Fröhliches Winken hinter den Scheiben des Busses, ein Schauspieler,

Mensch, der Wolfi – und schon hatte sich das Sightseeing gelohnt.

All das ist Vergangenheit, lange her. Das Sehen und Gesehenwerden, das gibt es hier nicht mehr wie früher – denn das Roma gibt es nicht mehr. Als das Café 2008 geschlossen wurde, hatte die Maximilianstraße endgültig aufgehört, das Schaufenster der Stadt zu sein. Was es sonst noch an Gastronomischem im Umkreis von Münchens einst maximaler Meile gibt, taugt kaum zur Selbstdarstellung. Da gibt es Lokale, die in einem schattigen Innenhof liegen – doch wie soll der Zeigefreudige hier Brillant-Rolex, Siegelring oder Goldarmband öffentlichkeitswirksam in die Sonne halten? Es gibt auch Cafés im Freien – jedoch ohne eine einzige Parkmöglichkeit direkt davor, was es dem Luxusschlittenliebhaber eindeutig erschwert, die Politesse genüsslich dabei zu beobachten, wie sie alle 30 Minuten einen neuen Strafzettel unter seinen Scheibenwischer zwängt.

Die Münchner Schickeria-Show auf dem Prachtboulevard hat sich verflüchtigt und Platz gemacht für eine spürbare Nüchternheit und auch für arabische Familien, die wie Zugvögel über die Maximilianstraße ziehen. Man residiert im »Vier Jahreszeiten« und verbindet das Angenehme mit dem Nützlichen – nämlich den Shopping-Exzess mit dem Gesundheitscheck, vom Zahnarzt bis zum Dermatologen. Und mit kleinen Ausflügen nach Salzburg oder an den Starnberger See, wo sich eine berühmte und sehr verschwiegene Schönheitsklinik befindet.

Das typische Münchner Lokalkolorit ist also ein wenig abhandengekommen in den letzten dreißig Jahren. Dennoch ist die Stadt weit davon entfernt, in ihrem Unglück vor sich hin zu darben. Regelmäßig findet sie sich in Umfragen über Lebensqualität ganz oben.

Dies alles lässt – in Verbindung mit dem Prozess der Entbajuwarisierung und der Tatsache, dass jedes Jahr neue Menschen nach München kommen, von denen etliche nicht mehr abreisen – eigentlich nur einen Schluss zu: München hört auf, die Hauptstadt der Bayern zu sein. Stattdessen wird München zur Stadt für Menschen aus der ganzen Welt.

Und wie lässt sich so eine Stadt bezeichnen?

Richtig, als Weltstadt.

Bliebe abschließend noch die Frage nach dem Herz der Stadt.

Ich darf Ihnen versichern, München besitzt durchaus ein Herz – es schlägt vielleicht nur nicht im kardiologisch korrekten Takt. Es stolpert bisweilen ein wenig, setzt aus und pumpt dann wieder. Und, das ist vielleicht für Sie am wichtigsten: Es schlägt nicht immer unbedingt dort, wo Sie es erwarten. Es muss nicht der Viktualienmarkt sein, an dem Sie seine Kraft spüren, und nicht der Alte Peter, von dem aus man einen so wunderbaren Ausblick hat auf das Rathaus, das Kraftwerk an der Isar oder die eineinhalb Hochhäuser, die es in der Stadt gibt. Nein, oft sind es kleine Begebenheiten und skurrile Besonderheiten abseits landsmannschaftlicher Klischees, die das Herz der Stadt sichtbar machen. Ein paar, wie ich finde, recht hübsche Beispiele liste ich Ihnen hier auf.

## Ein Herz für schwule Tradition

In München wurde 1989 die erste schwul-lesbische Partei gegründet: die Rosa Liste. Und entgegen manch landläufiger Meinung leisteten Münchner mit Hang zu Gleichgeschlechtlichem auch auf unpolitischem Terrain Bemerkenswertes: So wurden zum Beispiel in der bayerischen Landeshauptstadt »D'Schwuhplattler« gegründet – die erste homosexuelle Schuhplattler-Gruppe der Welt.

## Ein Herz für Rock'n'Roll & Gletscherbier

Dass Bayern berühmt ist für sein Bier, das wissen Sie bereits. Natürlich gibt es auch in München hervorragende Brauereien – allerdings wird hier erst seit dem 19. Jahrhundert wirklich gutes Bier gebraut. Dafür gibt es vor allem einen Grund: Unterhalb Münchens – und weit über die Stadtgrenzen hinaus – existieren Vorräte eiszeitlichen Wassers, das mittels 150 Meter langen Rohren an die Oberfläche gepumpt und zum Brauen verwendet wird. Dieses Wasser stammt aus dem Erdzeitalter des Tertiär – einer Zeit, in der die Gletscher bis nördlich von München reichten. Seit der Steinzeit ist dieses kühle Nass tief im bayerischen Boden konserviert und frisch wie am ersten Tag.

Das Münchner Bier ist derart süffig, dass es sogar die US-Rockband Mötley Crüe dazu bewog, kurz nach ihrer Gründung 1981 noch einmal über ihren ursprünglichen Namen nachzudenken. Dieser lautete nämlich »Mottley

Krew« – wurde dann jedoch auf die heutige Form abgeändert, also mit »ö« und »ü«, weil die Bandmitglieder das Löwenbräu-Bier so mochten und deswegen, gewissermaßen als Loyalitätsbekundung, die beiden Umlaute in ihren Bandnamen eingefügt haben.

## Ein Herz für die Variabilität der Zeit

Sollten Sie in München am Isartor vorbeikommen, dann werfen Sie doch einmal einen Blick auf seinen westlichen Turm. Dort prangt als Hommage an den bayerischen Querdenker Karl Valentin eine große Uhr, bei deren Ablesen Umdenken gefragt ist: Das Ziffernblatt ist spiegelverkehrt, die Zeiger laufen rückwärts. Was der große Politiker Willy Brandt also vor einer halben Ewigkeit so treffend analysierte, nämlich dass in Bayern die Uhren anders gingen, findet hier seine tagtägliche Umsetzung.

Natürlich sagte Brandt dies in Bezug auf die Politik der bayerischen SPD. Doch mittlerweile haben die Bayern im Allgemeinen und die Münchner im Speziellen dieses geflügelte Wort aufgegriffen und in verschiedener Ausprägung dem eigenen Kulturkreis einverleibt – ob als achselzuckende Entschuldigung für so manch weiß-blaue Eigenwilligkeit oder als gewinnbringendes Souvenir in Form einer rückwärts drehenden Uhr, die den Besucher daran erinnern soll, dass in Bayern mehr möglich ist, als es anfangs erscheint.

## Ein Herz für Väterchen Timofei

Unsympathisch, unhöflich – ja, solche russischen Touristen gibt es auch in München. Doch Timofei Wassilijewitsch Prochorow war von anderem Kaliber. 1952 hatten die Wirren des Zweiten Weltkriegs ihn und seine Frau Natascha in die Nähe des späteren Münchner Olympiaparks verschlagen. Dort baute sich Väterchen Timofei – unter diesem schrulligen Namen kennen ihn die Münchner bis heute – aus Schutt und Schrott ein Häuschen, eine Kapelle und später noch eine Kirche, deren Decke er mit Schokoladenpapier versilberte. Alle Versuche der Stadt, das merkwürdige Paar umzusiedeln, scheiterten an heftigen Protesten der Münchner Bürger. Sie durften also bleiben. 1976 ist Natascha gestorben. Timofei folgte seiner großen Liebe erst 2004, kurz nachdem er seinen – nach eigenen Angaben – 110. Geburtstag gefeiert hatte. Sollte dieses Alter der Wahrheit entsprochen haben, wäre Väterchen Timofei der älteste Münchner aller Zeiten gewesen.

## Ein Herz für die Verniedlichung

Das »Münchner Kindl« wird Ihnen vielleicht hier und da schon einmal aufgefallen sein, es ist die Stadtfigur der Landeshauptstadt. Doch dieses Kindl in seiner goldgeränderten Kutte ist eigentlich gar kein Kind. Es ist auch keine Frau, wie Ihnen – zum Beispiel während des Oktoberfests –

immer wieder vorgegaukelt wird. Das Münchner Kindl war ursprünglich vielmehr ein Mann, dem die künstlerische Freiheit über die Zeit seine Männlichkeit abgesprochen hat. Bis Anfang des letzten Jahrhunderts wurde es immer weiter verniedlicht, bis aus dem »Buam« schließlich »a Madl« geworden war.


## Ein Herz für teuflische Legenden

In der Münchner Frauenkirche hat angeblich einmal der Teufel vorbeigeschaut, erzählt die Legende. Dabei hat er den sogenannten Teufelstritt hinterlassen – einen Fußabdruck im Marmorboden.

Die Geschichte, die dahintersteckt, geht so: Verständlicherweise war der »Sparifankerl« – so nennt der Münchner den Teufel auch – wenig angetan, als die Kirche in München gebaut wurde. Der grimmige Kerl wollte sie zerstören, musste aber, als er dort ankam, um sein Werk zu verrichten, unvermittelt anfangen zu lachen, da er glaubte, die Kirche habe keine Fenster. Hier wird wohl kaum ein Gläubiger vorbeikommen, dachte er und stampfte vor Freude auf den Boden. Zurück blieb der Fußabdruck.

Nun ja, die Frauenkirche hat sehr wohl Fenster, die konnte der finstere Fürst wohl nur nicht sehen von dort, wo er stand.

## Ein Herz für die Tiefsee

Wenn Sie so alt sind wie ich, werden Sie sich vielleicht noch an die Science-Fiction-Fernsehserie »Raumpatrouille Orion« erinnern, schwarzweiß, aus den 60ern, mit Dietmar Schönherr. Die Serie wurde in München gedreht und erreichte sagenhafte 56 Prozent Einschaltquote – davon sind heutige Sendungen weit entfernt. Die kurioseste Kulisse: die »Tiefseebasis 104«. Was nach einem maritimen Drehort klingt, lag in Wahrheit mitten in München – denn der Boden der Tiefseebasis war nichts anderes als der leergeräumte Königsplatz, der damals noch mit großen Granitplatten belegt war.

# FAQ –
## Häufig gestellte Fragen

Nach der Lektüre dieses Büchleins über den sagenumwobenen Homo Bavaricus sollten Sie eigentlich recht gut vorbereitet sein auf den Kontakt mit den Bayern. Sie wissen, wie der Bayer lebt, wie er liebt, was er schätzt und was ihn traurig macht – sie kennen seine gängigsten Verhaltensmuster. Dennoch, ein wenig rätselhaft ist er Ihnen vermutlich immer noch. Sollten Sie sich also noch etwas unsicher sein oder Fragen haben, dann empfehle ich Ihnen, einen Blick auf die folgende Auflistung zu werfen; sie enthält weitere wichtige Fragestellungen, die mir in Bezug auf das bayerische Sein immer wieder zugetragen werden.

Bei den Antworten und Handlungsempfehlungen für Sie habe ich stets darauf geachtet, die Situation für alle Beteiligten sinnvoll zu gestalten, also sowohl für Sie als auch für den Bayern.

*Warum ist der Bayer so vernarrt in seine Berge?*

In Bayern gibt es kaum nennenswerte Bodenschätze. Sich unter die Erde zu begeben macht für den Bayern schon aus wirtschaftlicher Sicht keinen Sinn. Also strebt der Bayer eher nach oben – auf die Hügel, auf die Berge, auf einfach jede Anhöhe zieht es ihn. Diese Nach-oben-Gewandtheit ist durchaus begründbar. Beim Aufstieg geht es dem Bayern nicht darum, den Gipfel zu erreichen. Vielmehr ist es der Weg dorthin, der für ihn von Bedeutung ist; dieser Weg gibt ihm Zeit zu sinnieren, nachzugrübeln, er erdet ihn gewissermaßen – was wieder eines dieser Paradoxe ist: Der Bayer muss hoch hinauf, um tief in sich hineinblicken zu können.

Ist er jedoch einmal angekommen, steht er da oben und lässt den Blick erhaben schweifen über sein wunderbepacktes Paradies. In diesem Augenblick fühlt der Bayer sich als glaubensfester Mensch dem Herrgott ein kleines Stück näher – und als eine Art Hüter des Wunderlandes zu seinen Füßen, das es unter allen Umständen zu bewahren gilt.

Einzige Ausnahme ist der Nockerberg in München. Auf dieser kleinen Anhöhe zwischen den Münchner Stadtteilen Au und Giesing wendet sich der Bayer anderen Dingen zu: Hier geht es beim sogenannten »Starkbieranstich« darum, sich a) den Gerstensaft einer bestimmten Brauerei schmecken zu lassen und sich dies b) mit süffigem Kabarett garnieren zu lassen. Auf dem Nockerberg ist es nämlich Tradition, dass sich die bayerischen Politiker satirisch auf den Zahn fühlen lassen müssen. »Derblecken« sagt der Bayer dazu, was sich ableiten lässt von »Zähne zeigen« – beim Lachen, wohlgemerkt, nicht beim Beleidigtsein. Denn die gute Miene zum oft bitterbösen Spiel auf der

Bühne wird hier erwartet. Wer nicht lacht, erntet umso mehr Spott. So sitzen die Staatsdiener jeglicher Couleur dann beste Laune signalisierend im Saal – und bei manch einem erwartet man das gelegentliche Entgleisen der Gesichtszüge …

Bei aller Häme, die Politiker für ihre Verfehlungen einstecken müssen, ist der reinigende Charakter der Veranstaltung nicht zu leugnen. Das 1891 vom Münchner Humoristen Jacob Geis erfundene »Derblecken« kommt – wir sind schließlich in Bayern – einem katholischen Beichtvorgang nahe: Ein paar ordentliche Lacher, und schon sind alle Sünden vergessen.


## Hat der Bayer eigentlich Humor?

Ja, ganz eindeutig, der Bayer besitzt Humor. Allerdings ist dieser Ausdruck unbeschwerter Heiterkeit nicht immer schnell zu erkennen. Einiges wird vom bayerischen Grant übertüncht, anderes von der bayerischen Melancholie umhüllt. Allerdings gibt es durchaus Faktoren, die den bayerischen Humor klar als solchen ausweisen: Dieser zeichnet sich vor allen Dingen dadurch aus, dass er keinen Respekt zeigt vor der Obrigkeit und sie auf hinterfotzige Art und Weise lächerlich macht.

Einer, der das ganz vortrefflich konnte, war Karl Valentin. Dabei machte er nicht einmal vor Adolf Hitler halt, dessen Namen er in einem Bühnenstück vorgab, vergessen zu haben: »Heil … heil … heil … Ja, wie heißt er denn nur, ich kann mir seinen Namen einfach nicht merken.« Später wusste er ihn dann wieder, den Namen, und war froh, »dass der Führer nicht Kräuter heißt«, was dann ja »Heil-Kräuter« ergeben hätte.

1948 ist Valentin gestorben; der bayerische Humor jedoch hat weitergelebt. Heute findet man in Bayern beste Kabarettisten: Gerhard Polt, Max Uthoff, Claus von Wagner oder Gerhard Schleich – um nur einige zu nennen.

Hunderte Witze hat der Bayer auf Lager, die – das werden Sie vermutlich erleben – ganz vortrefflich mit einer zweiten bajuwarischen Komponente harmonieren, nämlich mit dem Biertrinken. Wenn man in Bayern Bier trinkt, dann lacht man oft auch.

Ich möchte Sie allerdings darauf vorbreiten, dass ein gewisses Maß an Alkohol sinnvoll sein könnte, das eine oder andere Unverdauliche des bayerischen Witzes ein wenig verdaulicher erscheinen zu lassen, auch wenn es das Schamgefühl mancher Menschen zumindest auf die Probe stellt und auch schon mal das Wort »Oasch« (für: Arsch) vorkommt. Schließlich deckt der »Oasch« für den Bayern eine Vielzahl von Bedeutungen ab, von der Kehrseite des Lebens bis zu dem Körperteil, auf dem er sitzend seine Gemütlichkeit auslebt. Auch sonst ist ein bayerischer Witz niemals prüde, er verwendet in der Regel Deftigkeiten und Kräftigkeiten – womit nicht unbedingt Zoten gemeint sind.

## Was meint der Bayer mit dem Wörtchen »fei«?

»Fei« ist ein Wort, mit dem man unterstreicht, was gesagt wurde. Es entspricht im Hochdeutschen am ehesten den

Ausdrücken »halt« oder »eben«. »Fei« lässt sich in positivem wie negativem Kontext verwenden. Man kann damit eine Drohung untermauern: »Kummst mia fei ja pünktlich hoam!« (für: Sei in jedem Fall pünktlich zu Hause!). Man kann es aber auch verwenden, um eine Schmeichelei zu verstärken, der es vielleicht ein wenig an Glaubhaftigkeit mangelt: »Du schaugst fei scho guad aus«, sagt der Bayer zum Beispiel und meint damit, dass die Adressatin seines Kompliments durchaus hübsch ist und somit sein Interesse geweckt hat.

*Ist der Bayer wirklich so provinziell und kleingeistig, wie zuweilen behauptet wird?*

Einer der größten Bayern-Basher war der Preußenkönig Friedrich der Große – der übrigens nie einen seiner Quadratlatschen aufs Bayernland gesetzt hat. Er ließ seiner wenig positiven Gesinnung im 18. Jahrhundert freien Lauf: »Bayern«, sagte er, sei »das fruchtbarste Land Deutschlands und das mit dem geringsten Geist. Es ist das irdische Paradies, bewohnt von wilden Tieren.«

Die Liste der Kritiker ließe sich beliebig lange fortsetzen, doch ich will das gar nicht tun. Denn wie viel Kritik der Bayer auch immer einstecken musste: Seinem zur Schau getragenen Selbstverständnis hat sie kaum Schrammen verpasst. Im Gegenteil: Insgesamt hat ihm das Rumgehacke mehr genutzt als geschadet. Immerhin ist es ihm durch die Zeit gelungen, das Image des haferlbeschuhten Hinterwäldlers vortrefflich zu vermarkten. Und da der

Bayer es mehr oder weniger gewohnt ist, nicht gemocht zu werden, ist es ihm weitgehend egal, ob Sie ihn mögen oder nicht. Beiden Gefühlsregungen wird er mit der ihm eigenen Gelassenheit begegnen.

## Was unterscheidet den Bayern vom Österreicher?

Mit kaum einem anderen Land verbindet Bayern so viel wie mit Österreich. Da kommt dann ab und an die Frage auf, ob Bayern und Österreich nicht eigentlich ein und dasselbe seien.

In der Tat gab es im Laufe der Geschichte immer mal wieder Gedanken, so eine Fusion herbeizuführen. Ende des 18. Jahrhunderts zum Beispiel hat Kaiser Joseph II. in Wien daran gedacht, sich Bayern einzuverleiben. Das Ganze scheiterte vermutlich am Veto Preußens, das sicher kein Interesse hatte an einem noch mächtigeren Österreich. Später war es ein anderer Österreicher – einer, der sich für einen Maler hielt und für den größten Feldherrn aller Zeiten –, der eine ähnliche Idee hatte und diese auch zeitweise umsetzte.

Dies soll jetzt nicht weiter verdichtet werden – wissen sollten Sie nur: Nein, Bayern ist Bayern, und Österreich ist Österreich. Und ja, es gibt durchaus Ähnlichkeiten zwischen den Einwohnern, was aber meist in erster Linie nur für den Alpenraum und in Bezug auf Heimatverbundenheit, Tradition und Brauchtum gilt.

## Sind Bayern auch Deutsche?

Eine weitaus größere Differenz findet sich – und das wird Sie jetzt, am Ende dieses Büchleins, nicht sonderlich überraschen – zwischen dem Bayern und dem Restdeutschen. Obwohl beide natürlich derselben staatsrechtlichen Räson unterworfen sind, gibt es in der Wahrnehmung des Bayern signifikante Unterschiede, die sich – selbstverständlich subjektiv von mir eingefärbt – wie folgt darstellen:

- In Deutschland ernährt man sich – in Bayern genießt man.
- Der Deutsche schuftet – der Bayer kommt mit Geschick und Gelassenheit ebenso weit.
- Der Deutsche ist grundsätzlich gestresst und verkrampft – der Bayer gilt als »situationselastisch«.
- Der Deutsche will der Beste sein – der Bayer weiß, dass er es ist.
- Bei allem, was er tut, folgt der Deutsche seiner Linie, plant, organisiert, setzt um, ist wenig spontan. Der Bayer hingegen macht sich das Leben leichter – und ist erfolgreich damit.

Sollten Sie jetzt ein bisschen böse sein mit mir, weil Sie vielleicht in Köln wohnen oder in Sachsen-Anhalt, kann ich Sie nur bitten: Seien Sie es nicht! Ich habe hier nur aufgeschrieben, wie der Bayer – und ein solcher bin ich ja – glaubt, dass die Dinge sind. Erinnern Sie sich, bitte: Das, was der Bayer glaubt, und das, was die Realität ist, muss nicht zwangsläufig dasselbe sein ...

## Sind Bayern wirklich so maulfaul?

Vermutlich würde der Bayer diesen Satz mit stolzgeschwellter Brust bejahen und ihn mit folgender aus dem Leben gegriffener Anekdote anfüttern: Fragt ein »Zuagroasta« einen Bayern: »Hallo, guten Tag, wissen Sie den Weg zum Hofbräuhaus?« Daraufhin sagt der Bayer: »I scho!« Sie sehen also: Wenn er es für nicht notwendig erachtet, wird der Bayer keine unnütze Energie für eine Konversation aufbringen, sei sie auch noch so klein.

Nun darf man dem Bayern diese Maulfaulheit aber keinesfalls als Unhöflichkeit auslegen. Hier geht es um reine Effizienz. Wie alle anderen Lebewesen hat auch der Bayer nur einen bestimmten Energiehaushalt zur Verfügung, und dieser wird entsprechend der Anforderungen eingeteilt. Und an den Bayern werden enorme Anforderungen gestellt.

Das fängt schon damit an, dass der Bayer sich mehr und mehr bewusstmachen muss, wie die Welt sich verändert – und damit auch seine Heimat: der Klimawandel, der an seinen Landschaften nagt; Computerviren, die sich auf seinem Computer einnisten; eine sich entfaltende Menschen- und Religionsvielfalt, die ihn ganz schwindlig macht ... Es gibt so vieles, das der Bayer verarbeiten muss; das Ausmaß der Veränderungen ist enorm. Sie können also nicht erwarten, dass der Bayer da noch Energien für profane Konversation oder gar Small Talk aufwendet.

## Abschiedsgruß

Mit dieser Erkenntnis über die bajuwarische Maulfaulheit –
es könnte kaum treffender sein – bin ich am Ende dieses
Handbüchleins angekommen. Man könnte sicherlich noch
vieles sagen über die Bayern. Über den FC Bayern vielleicht. Oder über das bayerische Schulsystem. Auch Ihnen
würde bestimmt noch das eine oder andere Thema einfal-
len, das Einzug hätte finden sollen in dieses Buch. Doch
weil Sie ja nun wissen, wie es um den Energiehaushalt
eines Bayern bestellt ist, hoffe ich auf Ihr Verständnis,
wenn ich zum Schluss komme.

Und wenn ich mir mein Büchlein so durchlese, muss ich
echt sagen: Ich bin stolz, ein Bayer zu sein. Und kann dennoch ganz unbayerisch zum Abschied grüßen:

C U in Munich!

# Quellen

Das Zitat von Sigi Sommer auf S. 49 findet sich in: Thomas Grasberger: *Stenz – Die Lust des Südens*, Diederichs Verlag, München 2013, S. 75.

Das Zitat von Hermann Hesse auf S. 101 stammt aus: Hermann Hesse: *Peter Camenzid*. Mit einem Kommentar hrsg. v. Heribert Kuhn. Suhrkamp, Frankfurt am Main 2007, S. 16.

Das Zitat von Joseph Ratzinger auf S. 140 findet sich in: Friedrich Voss: *Der Kanzler im Visier: 20 Jahre mit Franz Josef Strauß*, Hase & Koehler Verlag, Mainz 2000, S. 328.

Edmund Stoibers Transrapid-Rede (S. 147) findet sich auf YouTube

Das Zitat von Gerhard Polt auf S. 172 stammt aus: Gerhard Polt: *Circus Maximus. Gesammelte Werke*, Kein & Aber AG, Zürich 2016, S. 46.

Das Zitat von Karl Valentin auf S. 222 findet sich in: Marcel Ophüls: *Meines Vaters Sohn. Erinnerungen*, Propyläen, Berlin 2014, S. 36.

Das Zitat von Friedrich dem Großen auf S. 225 stammt aus: Gustav Berthold Volz (Hrsg.): *Die Werke Friedrichs des Großen in deutscher Übersetzung*. Bd. 2: Geschichte meiner Zeit (1775), Berlin 1912, S. 38.

Christian Seltmann

# »Where the fuck is the Führer?«

Als Touri-Guide in Berlin

Humor.
Taschenbuch.
Auch als E-Book erhältlich.
www.ullstein-buchverlage.de

**Unter den Blinden – Leben und Leiden eines Touri-Guides**

Was war noch mal BRD? Gibt's hier auch 'nen Aldi? Where the fuck is the Führer? Solche Fragen muss Christian Seltmann ertragen, während er Touristen durch's Verkehrs- und Geschichtschaos des Berliner Hauptstadtdschungels leitet. Amerikanische Fahrrad-Legastheniker kollidieren mit cholerischen Lieferwagenfahrern. Rentner aus Bottrop blockieren auf Segways die Friedrichstraße. Australische Reisealkoholiker suchen den totalen Absturz. Nein, Touri-Guide ist kein leichter Job in dieser Stadt – wird aber versüßt durch die Bezahlung und durch bildschöne Frauen auf Junggesellinnen-Abschied. Eins steht jedenfalls fest: Berlin geht nicht ohne Führer …

ullstein

*Dunja Hayali*

## Is' was, Dog?
Mein Leben mit
Hund und Haaren

Taschenbuch.
Auch als E-Book erhältlich.
www.ullstein-buchverlage.de

***Auf den Hund gekommen – und Frauchen geworden.***

Seit Jahren bildet Dunja Hayali mit Emma ein un-
zertrennliches Team. Warmherzig und mit einem
Happen Ironie schildert sie in ihrem Buch die kuri-
ose Welt der Vierbeiner und Hundehalter und ihre
Erlebnisse mit ihrer eigensinnigen Retrieverhündin.
Eine so witzige wie ehrliche Liebeserklärung an den
besten Freund des Menschen.

*»Dieses Buch ist ein großer Spaß – auch für Nicht-Hunde-
besitzer. Empathisch, verrückt und sehr, sehr komisch.«*
**Hape Kerkeling**